Dr. Thomas Diehn

Streitstände KOMPAKT
Band 2

Strafrecht II
Besonderer Teil

Vorbemerkungen

Im Strafrecht ist sehr viel umstritten. Aus der Fülle der Streitstände im Besonderen Teil habe ich **85 wichtige Meinungsverschiedenheiten** ausgewählt.

Ich muß erhebliches **Vorwissen** voraussetzen. Sie finden hier Streitstände, die sich in eine strafrechtliche Dogmatik einfügen, die weitgehend unstreitig ist. Grundwissen und Streitwissen halten sich in der Strafrechtsklausur oft die Waage: Die Fülle der Streitstände darf nicht darüber hinwegtäuschen, dass auch unstreitige Aspekte schwierig sind, weil Sie in der Lage sein müssen, diese präzise aus dem Gesetz abzuleiten. Punkte gewinnen Sie aber vor allem mit Diskussionen, wie Sie hier referiert werden, während Grundwissen oft zum Punktabzug führt, nämlich wenn es fehlt. Deshalb ist dieses Material hier ein **Positiv-Skript**; es soll Ihnen helfen, Punkte zu sammeln. Beeindrucken Sie den Korrektor!

Wo der Platz es erlaubt hat, habe ich auch auf weiterführende Literatur hingewiesen. Die Fundstelle ist meines Erachtens jeweils eine lesenswerte Ergänzung zum referierten Streitstand. Generell hinzuweisen ist auf die präzisen und instruktiven Erläuterungen von *Wilfried Küper, Strafrecht Besonderer Teil, 8. Auflage, Heidelberg 2008*. Bei diesem Buch handelt es sich um eine unerschöpfliche Erkenntnisquelle, deren Lektüre sich lohnt.

Die rechts oben angegebenen **Fundstellen im Kommentar** zum Strafgesetzbuch von *Fischer* (Aufl. 2011) sollen Referendaren das Auffinden im zugelassenen Hilfsmittel erleichtern. Nicht immer werden Sie an diesen Stellen vertiefte Informationen finden: Ergänzen Sie dann – im Rahmen des Zulässigen – den Kommentar um geeignete Stichworte.

Besuchen Sie bitte auch die Streitstände-Homepage:

www.juristische-streitstaende.de

Dort finden Sie weitere

80 Streitstände zum kostenlosen download.

Über Anregungen freue ich mich weiterhin unter:

diehn@juristische-streitstaende.de

Berlin, im Mai 2011,   Thomas Diehn

Diehn, Thomas:

Strafrecht II, Besonderer Teil: Streitstände KOMPAKT / von Thomas Diehn – 3. Auflage – Dänischenhagen: Richter Verlag, 2011

(Streitstände KOMPAKT)

ISBN 978-3-935150-69-9

Der Autor hat Jura in Berlin, Genf und Heidelberg studiert, Rechtsreferendariat und Promotion in München. Master of Laws (LL.M.) der Harvard Law School. Notar in Bayern, derzeit Geschäftsführer der Bundesnotarkammer, Berlin.

COPYRIGHT: Richter-Verlag
Hans-Peter Richter
Paul-Schroeder-Straße 18
24229 Dänischenhagen
Tel. 04349-1725
Fax 04349-571
e-mail: RICHTER-VERLAG@t-online.de
Website: www.Richter-Verlag.de

Druck und Verarbeitung: Druckerei Schmidt & Klaunig, Kiel

Weitere Bücher dieser Reihe sind erhältlich über den Buchhandel oder direkt vom Verlag.

3. Auflage 2011

ISBN 978-3-935150-69-9

Inhalt

Straftaten gegen die Rechtspflege

Delikte zum Schutz beweiserheblicher Informationen und Wertzeichen

Gemeingefährliche Straftaten und Verkehrsdelikte

Straftaten gegen das Eigentum

Freiverantwortlichkeit eines Selbsttötungsentschlusses

F
v § 211
Rn 26ff

Der (versuchte) Suizid ist straflos; das gleiche gilt mangels Haupttat für die Anstiftung dazu und die Beihilfe daran. Strafbar ist hingegen eine Fremdtötung in mittelbarer Täterschaft. Die **aktive Beteiligung** am Suizid ist jedenfalls dann nicht als Fremdtötung in mittelbarer Täterschaft strafbar, wenn ihr eine freiverantwortliche Willensentscheidung des Lebensmüden zugrunde liegt. Dabei ist

 **Streitstand** ⇨ **umstritten, wann ein Tötungsentschluss als freiverantwortlich qualifiziert werden kann.**

a) Exkulpationstheorie

Traditionell wird für richtig gehalten, auf die gesetzlichen Kriterien der Verantwortlichkeit für Fremdschädigungen (**§§ 16, 19, 20, 35 StGB, § 3 JGG**) analog zurückzugreifen. Freiverantwortlich sei der Suizid nur, wenn der Suizident nicht unter Umständen gehandelt hat, die im Fall der Fremdschädigung seine Verantwortlichkeit ausschließen würden (Stichwort: ***Fremdschädigungs-hypothese***). Freiverantwortlichkeit sei beim Erwachsenen zu vermuten.

Argumente:

- Aus den gesetzlichen Exkulpationsregeln folgt, bis zu welcher Grenze jeder für sein Tun – und Unterlassen (dazu aber STREITSTAND 2) einzustehen hat (Stichwort: ***allgemeiner gesetzlicher Verantwortlichkeitsmaßstab***).

- Wer nur über den Sinn des eigenen Todes infolge Täuschung irrt, handelt in **bloßem Motivirrtum**. Über sein Leben verfügt er dennoch frei und handelt insoweit eigenverantwortlich.

b) Einwilligungstheorie

Bereits fast überwiegend wird jedoch vertreten, dass die Freiverantwortlichkeit des Suizidentschlusses an den Regeln über die Wirksamkeit der Preisgabe eigener Rechtsgüter (Stichwort: ***rechtfertigende Einwilligung***) zu messen sei.

Argumente:

- Die Einwilligungsregeln sind sachnäher als die gesetzlichen Exkulpationsregeln für Fremdschädigungen, weil sie gerade **Eigen**schädigungen betreffen.

- Bei der Verfügung über das eigene Leben dürfen **keine geringeren Anforderungen** an die **Mangelfreiheit** des Willensentschlusses gestellt werden, als bei der Einwilligung in eine Körperverletzung oder als bei der „Ernstlichkeit" des Sterbewillens i.S.v. § 216 I StGB (Stichwort: ***216***).

Verhindert ein Garant für das Leben des Opfer trotz Erfolgsabwendungsmöglichkeit nicht den Eintritt seines Todes, kommt ein Tötungsdelikt (§§ 212, 216 StGB) **durch Unterlassen** in Betracht. Umstritten ist,

 $\Rightarrow$

> **ob und wann die Garantenpflicht, das Leben eines anderen zu schützen, auch die Pflicht umfasst, diesen am Suizid zu hindern.**

a) Theorie der Handlungsunfähigkeit

Nach der Rechtsprechung wird der Garant zum Täter eines Tötungsdelikts durch Unterlassen, wenn der **Selbstmörder handlungsunfähig** geworden ist und das Geschehen deshalb nicht mehr beherrscht. Ab diesem Zeitpunkt spiele die Freiverantwortlichkeit des Suizidentschlusses keine Rolle mehr.

Argument:

- Wenn der Suizident das Geschehen nicht mehr beeinflussen kann, weil er infolge Bewusstlosigkeit nicht mehr von seinem Entschluss zurücktreten kann, hängt der Eintritt des Todes **allein vom Verhalten des Garanten** ab (Stichwort: *Tatherrschaft des Garanten*).

b) Theorie der Freiverantwortlichkeit

In der Literatur wird ganz überwiegend auch beim Unterlassen auf das Kriterium der Freiverantwortlichkeit abgestellt: Ein Tötungsdelikt durch Zulassen des Suizids liegt **nicht** vor, **solange der Suizident freiverantwortlich handele.**

Argumente:

- Der Garant darf den freiverantwortlichen Selbsttötungswillen des Schutzbefohlenen respektieren, ohne sich eines Tötungsdelikts schuldig zu machen (Stichwort: *Respekt vor freiverantwortlichem Willen*).

- Die aktive Teilnahme am Suizid kann nicht anders beurteilt werden als das Unterlassen seiner Verhinderung (Stichwort: *Tun wie Unterlassen beurteilen*). Es ist **widersprüchlich**, das vorangegangene Tun als bloße Beihilfe zur freiverantwortlichen Selbsttötung nicht zu bestrafen, das spätere Untätigbleiben aber als Unterlassungstat zu erfassen.

Vertiefungsfundstelle

Scheffler, Jahrbuch für Recht und Ethik 1999, 341

Ein Tötungsakt kann sich unter zwei verschiedenen Gesichtspunkten als täterschaftliche Fremdtötung darstellen: Erstens kann eine Fremdtötung kraft **Herrschaft über das äußere Geschehen** vorliegen. Zweitens scheidet (auch bei fehlender Herrschaft über das äußere Geschehen) eine Bewertung der Tat als Selbsttötung aus, wenn diese nicht **innerlich freiverantwortlich** war. Dieser zweite Aspekt wurde in den beiden vorangehenden STREITSTÄNDEN 1 und 2 erörtert. Der erste Aspekt (Herrschaft über das äußere Geschehen) betrifft die Frage der **Tatherrschaft**. Sie bereitet in Selbstmordfällen gewisse Schwierigkeiten, denn auch die täterschaftlich begangene Tötung auf Verlangen nach § 216 StGB setzt eine Unterordnung des Täters unter das Opfer und damit eine gewisse Mitherrschaft des Opfers voraus. Deshalb ist umstritten,

Streitstand  **wie straflose aktive Selbstmordbeihilfe / Tötung auf Verlangen voneinander abzugrenzen sind.**

a) Subjektive Theorie

Nur noch selten wird anhand subjektiver Kriterien abgegrenzt: Entscheidend sei wie auch sonst, **ob der Täter die Tat als eigene oder als fremde will.**

b) Allgemeine Tatherrschaftslösung

Nach der Rechtsprechung kommt es darauf an, wer das zum Tode führende **Gesamtgeschehen** tatsächlich beherrscht hat.

Argumente:

- Die subjektive Theorie ist zur Abgrenzung von Täterschaft und Teilnahme im Bereich von § 216 StGB ungeeignet, weil diese Norm bereits tatbestandlich voraussetzt, dass sich der Täter dem Willen des Opfers unterordnet (Stichwort: *Unterordnungswille schon kraft 216*).

- Gab sich der später Getötete in die Hand des Täters, hatte dieser die Tatherrschaft. Im Bereich des § 216 StGB Sonderregeln für die Abgrenzung zu entwickeln, höhlt die gesetzlich angeordnete Strafbarkeit der Tötung auf Verlangen aus und ist im **Interesse des absoluten Lebensschutzes** abzulehnen (Stichwort: *keine Sonderregelung*).

c) Modifizierte Tatherrschaftslösung

Überwiegend wird vertreten, dass es entscheidend darauf ankomme, wer die **letzte zum Tode führende Ausführungshandlung** (Stichwort: *point of no return*) beherrscht hat. Straflos sei daher derjenige, der den **eigentlichen Tötungsakt** letztendlich in die Hände des Getöteten gelegt hat.

Argumente:

- Bei § 216 StGB kommt es im Gegensatz zur allgemeinen Tatherrschaftslösung **nur auf den letzten entscheidenden Augenblick** an, weil davor das Opfer selbst das Geschehen beherrscht. Andernfalls würde es am „Verlangen" fehlen (Stichwort: *„Verlangen" erfordert Modifikation*).

- Die Verantwortung für den Tod des anderen trägt nur derjenige, der dem Lebensmüden die **unwiderrufliche Entscheidung abnimmt.** Trotz Tatherrschaft im Vorfeld scheidet damit die täterschaftliche Zurechnung des Geschehens aus, wenn der Lebensmüde die letzte Handlung voll verantwortlich selbst vornimmt (Stichwort: *Abgrenzung nach Verantwortungsbereichen*).

Hinweise

- Ob **Tötung auf Verlangen auch durch Unterlassen** begangen werden kann, ist umstritten (vgl. o. Parallelproblematik STREITSTAND 2).

  o Das wird überwiegend verneint, da die **Möglichkeit freiverantwortlichen Suizids** nicht dadurch unterlaufen werden dürfe, dass ein anderer als Garant zu seiner Verhinderung strafrechtlich verpflichtet ist.

  o Zum entgegengesetzten Ergebnis gelangt die **Lehre von den Pflichtdelikten**: Jede Nichtverhinderung einer Rechtsverletzung durch Beschützergaranten begründe den Vorwurf der Unterlassungstäterschaft, auch wenn keine Tatherrschaft vorliege. Dagegen wird eingewandt, dass die Differenzierung zwischen Täterschaft und Teilnahme nach §§ 25 – 27 StGB auch für den Unterlassensbereich gelte.

- Das Opfer einer Tötung auf Verlangen bleibt als **notwendig Beteiligter** immer straflos, so dass §§ 216, 26 StGB bei missglückten Tötungsversuchen insoweit ausscheiden.

4

Grundsätzlich ist jede gezielte und aktive Lebensverkürzung bei Strafe verboten. Ausnahmen sind anerkannt als **Hilfe im Sterben**. Damit wird die Phase in großer Todesnähe bezeichnet, welche unumkehrbar ist (Stichwort: *Sterbephase*). In dieser Zeit darf der Arzt schmerzlindernde Mittel verabreichen, die unvermeidbar aber **ungewollt** zur Verkürzung des Lebens führen (Stichwort: *indirekte Sterbehilfe*). Sogar die **bewusste** Lebensverkürzung beim Todkranken kann in der Form des Verzichts auf lebensverlängernde Maßnahmen zulässig sein (Stichwort: *passive Sterbehilfe = zulässiger Behandlungsabbruch*). Voraussetzung ist, dass der Todkranke einen entsprechenden Behandlungsverzicht erklärt hat oder die Fortsetzung der Behandlung gegen die Menschenwürde des Sterbenden verstoßen würde. Zeitlich früher liegt die **Hilfe zum Sterben**. Der Behandlungsabbruch ist hier straflos, wenn er vom Willen des unheilbar erkrankten Patienten gedeckt ist:

- Vorrangig maßgeblich ist eine **aktuelle Einwilligung** des Betroffenen.

- Nachrangig kommt eine **Patientenverfügung**, § 1901a I BGB, oder ein früher geäußerter Behandlungswunsch, § 1901a II BGB, in Betracht.

- Letztrangig kann unter strenger Beachtung des im Zweifel vorgehenden Lebensschutzes auch eine **mutmaßliche Einwilligung** in Betracht kommen.

Der BGH hat durch **Grundsatzentscheidung** vom 25.6.2010 (2 StR 454/09, NJW 2010, 2963 ff.) den Rechtfertigungsgrund des „**Behandlungsabbruchs**" nach §§ 1901a ff. BGB präzisiert. Umstritten ist,

Streitstand ⇨ **wer den in der Patientenverfügung festgelegten Willen des Betroffenen ermittelt.**

a) Betreuertheorie

Überwiegend wird vertreten, nur der **Vorsorgebevollmächtigte** (§ 1901a V BGB) oder **gesetzliche Betreuer** sei berufen, eine Patientenverfügung auszulegen. Ist kein Vorsorgebevollmächtigter vorhanden, müsse ein Betreuer (§ 1896 I BGB) bestellt werden.

Argumente:

- Der **Wortlaut** von § 1901a I 1, Hs. 2 BGB verlangt eindeutig, dass der **Betreuer** prüft, „ob diese Festlegungen auf die aktuelle Lebens- und

Behandlungssituation zutreffen" (Stichwort: *Wortlaut*). Diese Prüfung ist auch bei vermeintlich klaren Patientenverfügungen immer erforderlich.

* Der Gesetzgeber hat mit dem Patientenverfügungsgesetz auch den Lebensschutz stärken wollen, indem eine Einzelentscheidung von Ärzten durch die Vorschriften in §§ 1901a ff. BGB verboten wurde (Stichwort: *Lebensschutz*).

* Das frühere Argument der **Höchstpersönlichkeit** der Sterbehilfeanweisungen ist nach der jetzigen Gesetzeslage ausgeschlossen: Der Gesetzgeber hat **vorweggenommene Entscheidungen** über ärztliche Maßnahmen nur anerkannt, wenn sie einer Prüfung durch den gesetzlichen oder gewillkürten Vertreter standhalten (Stichwort: *Lebensschutz durch Verfahren*).

* Im **Zweifelsfall**, also solange die Anwendbarkeit einer Patientenverfügung unklar ist, sind lebenserhaltende Maßnahmen vorzunehmen (Stichwort: *in dubio pro vita*).

b) Arzttheorie

Teilweise wird vertreten, der Arzt sei berufen, die Patientenverfügung auszulegen.

Argumente:

* Die Patientenverfügung richtet sich an den Arzt (Stichwort: *Adressat*).

* Die Patientenverfügung dient auch dem Schutz der vorweggenommenen *autonomen Entscheidung* des Patienten, dessen Willen der Arzt umsetzt.

Hinweise

* Es kommt immer auf den Willen des **Betroffenen** an, nicht auf den des Betreuers/Vorsorgebevollmächtigten. Dieser ist nur die zuständige Instanz, um den relevanten Willen zu **ermitteln**.

* Vorsorgevollmachten, Betreuungsverfügungen und Patientenverfügungen werden im **Zentralen Vorsorgeregister der Bundesnotarkammer** (www.vorsorgeregister.de) registriert. Dort können die Betreuungsgerichte vor Einleitung eines Verfahrens prüfen, ob eine Vorsorgevollmacht vorliegt, die eine Betreuerbestellung nach § 1896 II 2 BGB entbehrlich macht.

Vertiefungsfundstelle

Diehn/Rebhan, NJW 2010, 326 ff.

Die §§ 211, 212, 213 und 216 StGB schützen vor vorsätzlicher Tötung des geborenen menschlichen Lebens. Umstritten ist

 **Streitstand** ⇨ die Systematik der §§ 211 – 216 StGB, namentlich das Verhältnis von Mord und Totschlag.

a) Selbständigkeitstheorie

Die Rechtsprechung geht davon aus, das § 211 StGB ein **eigenständiges Delikt** und **keine Qualifikation** zum Totschlag (§ 212 StGB) ist. Danach wirken die Mordmerkmale der 1. und 3. Gruppe (besondere persönliche Merkmale) **strafbegründend** i.S.v. § 28 I StGB. Auch der Beteiligte, in dessen Person sie nicht vorliegen, sei folglich wegen Mordes zu bestrafen.

Argumente:

- Der Wortlaut „Mörder ist" zeigt, dass § 211 StGB kein schwerer Fall des Totschlags ist, sondern eine **völlig andere Straftat mit eigenem Unrechtsgehalt** (Stichwort: *Wortlaut*).

- Als Qualifikation zum Totschlag hätte **Mord hinter § 212 StGB** stehen müssen, denn Qualifikationen stehen immer hinter ihrem Grundtatbestand (Stichwort: *Gesetzesabfolge*).

b) Qualifikationstheorie

Einhellig geht die Literatur davon aus, dass § 211 StGB eine **Qualifikation zum Totschlag** sei. Demnach haben Mordmerkmale der 1. und 3. Gruppe nur **strafschärfende** Wirkung i.S.v. § 28 II StGB. Sie können damit nur bei dem Beteiligten berücksichtigt werden, bei dem sie vorliegen.

Argumente:

- Mord steht nur deshalb vor § 212 StGB, weil der Gesetzgeber das gravierendste Delikt wegen seines hohen Unrechtsgehalts zuerst regeln wollte (Stichwort: *Entkräftung Gesetzesabfolge*).

- Mord ist die Tötung eines Menschen unter bestimmten Modalitäten, § 212 StGB die Tötung ohne diese Modalitäten. Die Delikte sind deshalb aufeinander **abgestimmt wie Grunddelikt und Qualifikation** (Stichwort: *Stufenverhältnis*).

- Mordmerkmalen nur strafbegründende Funktion beizumessen, führt zu **Wertungswidersprüchen**, wenn etwa nur der Teilnehmer aus Habgier handelt:

Er kann dann nämlich nicht gemäß § 28 II StGB wegen Teilnahme am Mord, sondern nur nach § 212 StGB bestraft werden, obwohl bei ihm ein Mordmerkmal vorlag (Stichwort: *Wertungswidersprüche bei „bösem" Teilnehmer*).

- Schwer einsehbar ist auch, warum die Anstiftung zum Totschlag gemäß §§ 212, 26 StGB mit höherer Strafe bedroht sein soll als die Anstiftung zum Mord, wenn der Anstifter das Mordmerkmal nicht kannte und deshalb in den Genuss einer Milderung nach § 28 I StGB kommen würde, §§ 211, 26, 28 I StGB (Stichwort: *Milde gegenüber gutgläubigem Anstifter zum Mord wertungswidersprüchlich*).

- Der 5. Senat hat mit Beschluss vom 10.1.2006 (5 StR 341/05) eingeräumt, dass „der bisherigen Rechtsprechung des BGH zum Verhältnis von Mord und Totschlag [...] gewichtige Argumente entgegengehalten [werden]: Sie führe zu schwer überbrückbaren Wertungswidersprüchen und unausgewogenen Ergebnissen, widerspreche der sonst üblichen Systematik und sei unnötig kompliziert." (Stichwort: *Ankündigung Rechtsprechungswechsel*).

Hinweise

- Nur Mordmerkmale der 1. und 3. Gruppe enthalten (täterbezogene) besondere persönliche Merkmale. Die Merkmale der **2. Gruppe sind tatbezogen**; bei ihnen kommt § 28 StGB niemals zur Anwendung.

- Weiß der Teilnehmer nichts von den Absichten oder Beweggründen des Täters, fehlt es bereits am Vorsatz gemäß § 16 I StGB. Auf § 28 StGB kommt es dann nicht an.

- Die Rechtsprechung hält trotz grundsätzlichen Rekurses auf § 28 I StGB für möglich, dass der Täter andere Mordmerkmale verwirklicht als der Teilnehmer (Stichwort: *gekreuzte Mordmerkmale*): Weist ein Teilnehmer das Mordmerkmal in seiner Person nicht auf, stattdessen aber ein anderes, wird die zwingende Strafmilderung nach § 28 I StGB versagt. Konstruktiv ist dieses Ergebnis aber nur durch Anwendung von § 28 II StGB zu erreichen. Das Vorgehen der Rechtsprechung ist in diesem Punkt sogar verfassungsrechtlich bedenklich, weil § 28 I StGB als eine den Täter entlastende Vorschrift aus teleologischen Gründen nicht anwendet wird (Stichwort: *Art. 103 II GG*). Auch will die Rechtsprechung zulassen, dass von zwei Mittätern der eine Mord, der andere einen Totschlag begeht, was vom Boden der Selbständigkeitstheorie aus inkonsequent erscheint.

Vertiefungsfundstelle: *Küper*, JZ 1991, 761ff., 862ff., 910ff.

Die Definition der Heimtücke als **Ausnutzung der Arg- und Wehrlosigkeit des Opfers** bietet keinen Raum, besondere schuldmindernde Konfliktlagen zu berücksichtigen. Wegen der lebenslangen Freiheitsstrafe hatte das Bundesverfassungsgericht aber gefordert, **Mordmerkmale restriktiv auszulegen.** Deshalb

 **Streitstand** ⇨ **ist umstritten, wie der Heimtückebegriff ergänzt oder korrigiert werden muss, namentlich wenn schwerwiegende psychische Konflikte Anlass der Tötung waren.**

Anerkannt ist dabei das zusätzliche Erfordernis der **feindlichen Willensrichtung**: Kein Mord, wenn der Täter **zum „Besten des Opfers"** handeln wollte.

a) Negative Typenkorrektur

Teilweise wird den Mordmerkmalen nur indizielle Bedeutung beigemessen. Mord liege nicht vor, wenn die Tathandlung aufgrund einer **umfassenden Gesamtwürdigung** aller Tatumstände und der Täterpersönlichkeit als nicht besonders verwerflich erscheine.

Argument:

- Die negative Typenkorrektur bietet einen **verallgemeinerungsfähigen Ansatz**, alle Mordmerkmale mit dem Kriterium der besonderen Verwerflichkeit restriktiv auszulegen (Stichwort: *allgemeiner Ansatz*).

b) Tückenansatz

Teilweise wird gefordert, die gebotene Einschränkung des Heimtückemerkmals **bei dessen subjektiver Komponente** vorzunehmen: Erfasst sei nur „**tückisch verschlagenes Vorgehen**". Davon müsse das Ausnutzen der Arg- und Wehrlosigkeit geprägt sein.

Argument:

- Die besondere Schwere des Unrechts bei Heimtücke liegt nicht in jedem beliebigen Ausnutzen von Arg- und Wehrlosigkeit, sondern gerade im tückischen Vorgehen (Stichwort: *Tücke als Unrechtskennzeichen*).

c) Lehre vom verwerflichen Vertrauensbruch

Eine ganz andere Konzeption der Heimtücke liegt in der Lehre vom verwerflichen Vertrauensbruch: Heimtücke erfordere einen **besonders verwerflichen**

Vertrauensbruch. Nicht nur heimlich, sondern tückisch handele nur, wer **sozialethisch positive Verhaltensmuster** zwischen sich und dem Opfer ausnutze.

- Die Ausnutzung der Arglosigkeit ist **nur dann erheblich strafwürdiger als andere besonders gefährliche Ausführungsarten** der Tötung, wenn das Opfer dem Täter besonderes Vertrauen entgegengebracht hat.

c) Rechtsfolgenlösung

Die Rechtsprechung will die besondere Konfliktlage des Täters erst auf der E-bene der **Strafzumessung** berücksichtigen. Voraussetzung sei, dass **außergewöhnliche Umstände** vorliegen, die das Ausmaß der Täterschuld erheblich mildern.

- Alle Korrekturversuche auf Tatbestandsebene widersprechen dem **Gesetzeswortlaut** und stellen die Berechenbarkeit und Gleichmäßigkeit der Rechtsanwendung in Frage. Die Lehre von der negativen Typenkorrektur leidet in besonderem Maße an **Unbestimmtheit.** Die Lehre vom verwerflichen Vertrauensbruch ist **sachlich ungeeignet**, den Anwendungsbereich von Mord zu begrenzen: Sie nimmt gerade den typischen **Überfall auf einen Unbekannten** mangels Täter-Opfer-Beziehung aus.

- Eine verfassungskonforme Auslegung kann dadurch erreicht werden, dass eine **übergesetzliche Strafmilderung** nach dem Maßstab von § 49 I Nr. 1 StGB bei außergewöhnlichen Umständen anerkannt wird.

Hinweise

- Grundsätzlich muss das Opfer **im Zeitpunkt der Tötung** arglos gewesen sein. Es gibt **drei Ausnahmen**: (1) Heimtücke liegt auch beim offenen Angriff vor, wenn die Reaktionszeit des Opfers zu kurz ist, um Gegenwehr einzuleiten. (2) Lockt der Täter sein Opfer in eine Falle oder einen Hinterhalt, liegt darin bereits Heimtücke, so dass der Täter ihm aus dem Hinterhalt auch offen feindlich entgegentreten kann. (3) Auch kann das Opfer im Schlaf heimtückisch getötet werden, wenn es die „Arglosigkeit mit in den Schlaf genommen hat."

- Zur Arglosigkeit des Opfers ist anzumerken, dass sie nach der Rspr. des BGH entfällt, wenn das Opfer zuvor eine **Notwehrlage** ausgelöst hatte: Dann müsse es mit einem Gegenangriff rechnen, auch wenn der Gegenangriff tatsächlich überraschend kommt (Stichwort: *normative Einschränkung der Arglosigkeit*), s. *Roxin*, Anm. zu BGH JZ 2003, 961.

Verdeckungsmord durch Unterlassen

Umstritten ist,

 ⇨ **ob auch derjenige einen Verdeckungsmord begeht, der als Garant die Abwendung des Todeserfolges pflichtwidrig unterlässt, um die Entdeckung seiner Vortat zu verhindern.**

a) Theorie vom Zudecken

Teilweise wird angenommen, dass Verdecken i.S.v. § 211 II StGB mehr verlange als das Nichtaufdecken (= *passive Entdeckungsvereitelung*), nämlich ein „Zudecken".

Argumente:

- Die passive Verdeckungsvereitelung entspricht in ihrem Unrechtsgehalt nicht der Verdeckungstötung durch aktives Tun i.S.v. § 13 I StGB (Stichwort: *Modalitätenäquivalenz*).

- Eine Verdeckung durch Unterlassen würde das Gebot voraussetzen, die Vortat durch aktives Tun, nämlich Hilfeleistung oder Erfolgsabwendung, aufzudecken. Ein solches ist der Strafrechtsordnung aber fremd (Stichwort: *keine Selbstbelastungspflicht: nemo tenetur-Grundsatz*).

b) Unterlassungstheorie

Überwiegend wird für richtig gehalten, dass ein Verdeckungsmord **auch durch Unterlassen** begangen werden kann.

Argumente:

- Die Modalitätenäquivalenz aus § 13 I StGB gilt nur für verhaltensgebundene Tatbestandsmerkmale. Das täterbezogene Mordmerkmal der Verdeckungsabsicht gehört nicht dazu (Stichwort: *keine Verhaltensgebundenheit*).

- Der Täter wird auch **nicht zu selbstbelastendem Verhalten** gezwungen, denn er soll sich nicht anzeigen, sondern einen Akt der Lebensrettung vornehmen. Dies kann **anonym** geschehen. Dass sich das Risiko der Aufklärung seiner Tat dadurch erhöht, ist nur ein allgemeines Lebensrisiko.

Hinweise

- Verdeckungsabsicht setzt nicht voraus, dass gerade der Tod eines anderen das Mittel der Verdeckung ist. Es genügt daher, dass der Täter die Tötungs**handlung** als Mittel zur Verdeckung seiner Vortat einsetzen will, hinsichtlich des Todes**erfolgs** aber nur mit *dolus eventualis* handelt.

- Die zu verdeckende Tat muss immer **eine andere als** der Verdeckungsmord selbst sein. Daran fehlt es, wenn der Täter von Anfang an mit Tötungsvorsatz handelt und nach Körperverletzungen zur Tötung übergeht. Das RG wollte es daran auch fehlen lassen, wenn zwischen Vortat und Tötung natürliche Handlungseinheit besteht. Dies ist zwar mit dem Gesetzeswortlaut zu vereinbaren, wurde aber vom Bundesgerichtshof aus teleologischen Gründen verworfen. Er stellt nunmehr darauf ab, ob zwischen Vortat und Tötungshandlung eine **deutliche Zäsur** lag. Sie muss nicht zeitlicher Natur sein.

- Die Rechtfertigung der Mordqualifikation wird unter Hinweis auf die schuldmindernde **Selbstbegünstigungstendenz** (vgl. §§ 157 und 258 StGB) und die **psychische Zwangslage des Täters** häufig als problematisch angesehen. Dagegen wird jedoch vorgetragen, dass der Täter für die Entstehung seiner psychischen Zwangslage selbst verantwortlich war und gewaltsame Selbstbegünstigungstaten im StGB durchgängig keine Privilegierung erfahren. Angesichts der lebenslangen Freiheitsstrafe wird aber allgemein anerkannt, dass auch das Merkmal der Verdeckungsabsicht einer dem **Grundsatz der Verhältnismäßigkeit entsprechende Auslegung** bedarf (dazu s.o. STREITSTAND 6).

Vertiefungsfundstelle

Freund, NStZ 2004, 123

Umstritten ist,

 **Streitstand** ⇨ ob es dem Täter bei der Verdeckungsabsicht darauf ankommen muss, die Tat gerade vor den Strafverfolgungsbehörden zu verdecken.

a) Weite Verdeckungszwecktheorie

Nach der Rechtsprechung liegt Verdeckungsabsicht auch dann vor, wenn der Täter **außerstrafrechtliche Konsequenzen** der vorausgegangenen Straftat vermeiden will. Nicht zwingend erforderlich sei, dass der Täter für den Fall des Bekanntwerdens der Vortat mit Strafverfolgung rechnet.

Argumente:

- Mord ist in keiner seiner Begehungsformen ein gegen die Strafrechtspflege gerichtetes Delikt (Stichwort: *Mord schützt nicht Strafrechtspflege*).

- Strafgrund der Verdeckungsabsicht ist die **Verknüpfung von Unrecht mit weiterem Unrecht**. Er ist auch einschlägig, wenn der Täter zur Vermeidung außerstrafrechtlicher Folgen seiner Vortat einen Menschen tötet.

- Die Strafdrohung ist **erst recht** bei außerstrafrechtlicher Motivation gerechtfertigt, da dort der **Konfliktdruck eher geringer** ist.

b) Restriktive Verdeckungszwecktheorie

Im Schrifttum wird die Erweiterung der Verdeckungsabsicht auf **außerstrafrechtliche Verdeckungszwecke** teilweise **abgelehnt**.

Argumente:

- Gegenstand der Verdeckung ist notwendig **strafbares** Unrecht. Deshalb bezieht die Verhinderung der „Entdeckung" oder „Aufklärung" ihren **spezifischen Unwertgehalt** auch nur aus dem elementaren Eingriff in staatliche Strafverfolgungsinteressen.

- Nur ein restriktives Merkmalverständnis als Handeln zur Abwehr der Strafverfolgung vermeidet, dass die Verdeckungsabsicht zum Sammelbecken uneinheitlicher Tötungszwecke wird, die nur noch zufällig durch das Verdeckungselement miteinander verbunden sind (Stichwort: *bewertungssichereres Kriterium*).

Vertiefungsfundstellen

Küper, JZ 1995, 1158; Streitstände Kompakt Strafrecht I (Allgemeiner Teil) Nr.9

9 Ärztliche Heileingriffe als Körperverletzung i.S.v. §§ 223ff. StGB

F
§ 223
Rn 13ff

Es ist umstritten,

 **Streitstand** ⟹ **ob und inwieweit ärztliche Heileingriffe als Körperverletzung anzusehen sind**

a) Rechtfertigungslösung

Nach ständiger Rechtsprechung soll **jeder** nicht unerhebliche Eingriff des Arztes in die körperliche Unversehrtheit **tatbestandsmäßig** i.s.v. § 223 I StGB sein. Er bedürfe der Rechtfertigung durch eine ausdrückliche oder mutmaßliche Einwilligung.

Argumente:

- Für eine Einschränkung des Tatbestandes gibt es keinen gesetzlichen Anhaltspunkt (Stichwort: **Wortlaut**).

- Der Gesetzgeber hat sich 1998 gegen einen gesonderten Tatbestand der „eigenmächtigen Heilbehandlung" entschieden und damit die aktuelle Rspr. gebilligt.

- Dem Schutz des **Selbstbestimmungsrechts** des Patienten vor **eigenmächtigen Heilbehandlungen** werden die §§ 239, 240 StGB allein nicht gerecht. Die Tatbestandslösung kann aber nur aus diesen Vorschriften strafen, wenn der Eingriff an sich indiziert war und kunstgerecht ausgeführt wurde.

b) Tatbestandslösung

Im Schrifttum wird überwiegend schon der Tatbestand des § 223 I StGB **ausgeschlossen**, wenn der ärztliche Heileingriff medizinisch indiziert war und *lege artis* durchgeführt wurde.

Argumente:

- Ärztliche Heileingriffe liegen **außerhalb des Schutzwecks** der Körperverletzungsdelikte.

- Erforderlich ist eine Gesamtbetrachtung des einheitlichen Lebensvorgangs der Heilbehandlung: Sie führt zur **Wiederherstellung oder Erhaltung der Gesundheit**, nicht zu deren Beeinträchtigung (Stichwort: **Gesamtbetrachtung**).

Vertiefungsfundstelle: Schönke/Schröder-*Eser* (2001), § 223 Rn. 28ff.

Umstritten ist, ob auch

 ⇨ unbewegliche Sachen als gefährliche Werkzeuge i.S.v. § 224 I Nr. 2 StGB in Betracht kommen.

a) Beweglichkeitstheorie

Nach ständiger Rechtsprechung muss ein gefährliches Werkzeug ein **beweglicher Gegenstand** sein. Irrelevant sei, ob der Gegenstand auf das Opfer zu bewegt wurde oder umgekehrt.

Argumente:

- Der Begriff Werkzeug erfasst nur **bewegliche** Sachen (Stichwort: *Wortlaut und Begriffsverständnis*).

- Auf die Beweglichkeit des Werkzeugs zu verzichten, birgt die Gefahr **uferloser Ausdehnung** des Begriffs: Erfasst wäre etwa auch der Stoß des Opfers in einen kalten Gebirgsbach (Stichwort: *Rechtssicherheit*).

- Gravierende Fälle von Verletzungen durch unbewegliche Gegenstände können von § 224 I Nr. 5 StGB erfasst werden (Stichwort: *keine Strafbarkeitslücke*).

b) Theorie vom weiten Werkzeugbegriff

Im Schrifttum wird vertreten, dass **auch unbewegliche Gegenstände** als gefährliches Werkzeug i.S.v. § 224 I Nr. 2 StGB in Betracht kommen.

Argument:

- Der Wortsinn des Merkmals Werkzeug reicht über bewegliche Gegenstände hinaus: Es gibt auch unbewegte Werkzeuge, etwa im Boden eingelassene Ambosse (Stichwort: *weiter Wortsinn*).

- Es macht keinen Unterschied, ob der Täter sein Opfer gegen den fest installierten Gegenstand bewegt oder den Gegenstand gegen sein Opfer. In beiden Fällen nutzt er einen körperfremden Gegenstand, um die Verletzung zu intensivieren (Stichwort: *gleiche Strafwürdigkeit bei Opfer- und Werkzeugbewegung*).

Vertiefungsfundstelle

Hilgendorf, ZStW 112 (2000), 811

Nach § 224 I Nr. 4 StGB wird bestraft, wer eine Körperverletzung mit einem anderen Beteiligten gemeinschaftlich begeht. Das setzt jedenfalls voraus, dass **mindestens zwei** Personen **unmittelbar am Tatort aktiv** zusammenwirken.

 ⇨ **Umstritten ist, ob ausschließlich mittäterschaftliche Begehungen erfasst sind.**

a) Mittäterschaftstheorie

Teilweise wird vertreten, „**gemeinschaftliche**" Begehung i.S.v. § 224 I Nr. 4 StGB meine **mittäterschaftlich**.

Argument:

- Der Gesetzgeber verwendet den Terminus „gemeinschaftlich" wie in § 25 II StGB (Stichwort: **Wortlaut „gemeinschaftlich" wie 25 II**).

b) Mittäterschaftsneutrale Lösung

Überwiegend wird angenommen, „Gemeinschaftlichkeit" setze ein einverständliches Zusammenwirken am Tatort voraus, jedoch **keine mittäterschaftliche** Tatbegehung.

Argumente:

- Der Gesetzgeber hat durch Einfügung von „mit einem anderen **Beteiligten**" klargestellt, dass gerade **keine** Mittäterschaft erforderlich ist (Stichwort: **Wortlaut**).

- „Gemeinschaftlich" bedeutet nur, dass die Beteiligten am Tatort „**einverständlich**" zusammenwirken müssen (Stichwort: **gemeinschaftlich = einverständlich**).

Hinweis

Wirken ein **aktiv Handelnder und ein unterlassender Garant zusammen**, ist anerkannt, dass keine gemeinschaftliche Begehung i.S.v. § 224 I Nr. 4 StGB vorliegt. Dem Unterlassen fehlt die besondere Gefährlichkeit, die für § 224 I Nr. 4 StGB konstitutiv ist.

Vertiefungsfundstelle

Küper, GA 150 (2003), 363 (372ff.).

Umstritten ist,

 **Streitstand** ⇨ was unter einem Glied i.S.v. § 226 I Nr. 2 StGB zu verstehen ist.

a) Theorie der Gelenkverbindung

Überwiegend wird als Glied jeder Körperteil angesehen, der mit einem anderen **durch Gelenk verbunden** ist (Stichworte: *Arme, Beine, Finger*).

Argumente:

- Der **Wortlaut** von § 226 StGB deckt nur durch Gelenk verbundene Körperteile (und das männliche Glied, das aber in § 226 I Nr. 1, Fall 4 StGB **speziell geregelt** wird). Insbesondere sind innere Organe keine Glieder.

- Aufgrund der hohen Strafandrohung des § 226 StGB ist die Vorschrift ohnehin eng auszulegen. Der **abschließende Katalog** in § 226 StGB darf nicht aufgeweicht werden (Stichwort: *hohe Strafe = enge Auslegung*).

b) Theorie der äußeren Körperteile

Teilweise werden **alle äußeren Körperteile**, die eine in sich abgeschlossene Existenz mit besonderer Funktion im Gesamtorganismus haben, als erfasst angesehen (Stichworte: *Nase, Ohren*).

Argument:

- Nur innere Organe sind vom Gliedbegriff aus systematischen Gründen ausgeschlossen, da § 226 I Nr. 1 StGB den Verlust einzelner **innerer Organe bereits abschließend** aufzählt.

c) Theorie der besonderen Funktion im Gesamtorganismus

Teilweise werden auch **innere Organe** mit einbezogen, so sie eine in sich abgeschlossene Existenz mit besonderer Funktion im Gesamtorganismus haben.

Argumente:

- Das **Wortlautargument trägt nicht**, denn auch innere Organe sind Körperteile, die als Körperglieder bezeichnet werden können (Stichwort: *innere Organe = Körperteile = Körperglieder*).

- Unter teleologischen Gesichtspunkten kann die **Schwere der Schädigung** innerer Organe genauso ins Gewicht fallen wie bei äußeren Körpergliedern (Stichwert: *gleicher Unwertgehalt*).

17

Dem **sehr hohen Strafmaß** des § 227 StGB kann man entnehmen, dass die Körperverletzung mit Todesfolge keine bloße Addition von Körperverletzung und fahrlässiger Tötung ist. Anerkannt ist daher, dass tatbestandsmäßig nur eine bereits lebensbedrohliche vorsätzliche Körperverletzung ist. Bereits mit ihr muss die spezifische Todesgefahr verbunden sein (Stichwort: *Unmittelbarkeitszusammenhang*). Umstritten ist,

 **Streitstand** ⇨ | **ob dies hinsichtlich der Körperverletzungshandlung oder hinsichtlich des Körperverletzungserfolgs der Fall sein muss.**

a) Letalitätsthese

Teilweise wird gefordert, dass der Tod aus der spezifischen Gefährlichkeit des Körperverletzung**erfolgs** resultieren muss. Eine versuchte Körperverletzung mit Todesfolge sei abzulehnen.

Argumente:

- Wenn in § 227 StGB von der „verletzten Person" die Rede ist, kann nach dem Wortsinn mit „Körperverletzung" nur der Verletzungserfolg gemeint sein, zumal von Körperverletzung**handlung** gerade nicht die Rede ist (Stichwort: *Wortlaut „verletzte Person"*).

- Im tödlichen Ausgang müssen sich gerade **Art und Schwere der Körperverletzung** niederschlagen: Typischerweise ist gerade die **Verletzung** nicht beherrschbar und weitet sich in den Tod hinein aus (Stichwort: *typischerweise Todesrisiko durch Verletzungserfolg*).

- Das sich § 212 StGB annähernde hohe Strafmaß von § 227 StGB spricht für eine **restriktive Auslegung** der Vorschrift.

b) Theorie der Handlungsgefährlichkeit

Überwiegend wird für ausreichend erachtet, wenn der Tod aus der spezifischen Gefahr der Körperverletzung**handlung** resultiert.

Argumente:

- Der Wortlaut des § 227 StGB fordert, dass der Täter „durch die Körperverletzung" den Tod des Opfers verursacht. Als Körperverletzung wird aber nicht nur der Verletzungserfolg, **sondern auch die Handlung** verstanden, etwa in § 223 I StGB („Misshandeln") oder § 224 I Nr. 5 StGB („lebensgefährdende Behandlung").

- § 227 StGB verweist auf §§ 223-226 StGB unter Einschluss der jeweils in Absatz 2 bezeichneten Versuchstatbestände (Stichwort: *Verweisungen*).

- Der Grund für die Strafschärfung des § 227 StGB liegt in der **besonderen Gefährlichkeit** von Körperverletzungs**handlungen**.

Hinweis

Unabhängig vom jeweiligen Anknüpfungspunkt wird der Unmittelbarkeitszusammenhang zweifelhaft, wenn sich das Opfer selbst einschaltet und dadurch dessen Tod eintritt (Stichwort: *Opfereigenverhalten*):

- Nach früherer Rechtsprechung sollte der Unmittelbarkeitszusammenhang durch ein Verhalten des Opfers regelmäßig ausgeschlossen werden (Stichwort: *Rötzel-Fall*).

- Ausnahmen wurden dann bei Panikverhalten mangels Eigenverantwortlichkeit mit dem Argument zugelassen, dass in diesen Fällen der tatbestandsspezifische Zurechnungszusammenhang nicht unterbrochen sei (Stichwort: *Fenstersturz-Fall*).

- Im *Gubener Verfolgungsjagdfall* trat das Opfer in Todesangst die Glasscheibe einer verschlossenen Haustür ein und stieg hindurch, um sich zu verstecken. Dabei erlitt es tödliche Schnittverletzungen. Der BGH bejaht den Gefahrverwirklichungszusammenhang, weil die Panikreaktion des Opfers den Tätern zuzurechnen sei. Dagegen wird vorgebracht, dass sich im Opferverhalten keine spezifische Körperverletzungsgefahr, sondern ein Nötigungsdruck verwirklicht habe. Dieser genüge dem erforderlichen körperverletzungsspezifischen Gefahrzusammenhang nicht: Bloße Drohungen seien noch keine Körperverletzung.

Vertiefungsfundstelle

Laue, JuS 2003, 743

Eine Schlägerei setzt die **aktive körperliche** Mitwirkung von mindestens **drei Personen** voraus (Stichwort: **_konstitutive Schlägereibeteiligung_**). Die sekundäre Schlägereibeteiligung bezeichnet die täterschaftliche Mitwirkung **an einer bereits begründeten Schlägerei** (Stichwort: **_3 plus x_**). Dabei ist umstritten,

Streitstand ⇨   **ob auch psychische Mitwirkungen (etwa Anfeuern) eine (sekundäre) täterschaftliche Beteiligung begründen können.**

a) Theorie der psychischen Mitwirkung

Überwiegend wird für richtig gehalten, dass körperliche und psychische Mitwirkungen **gleichrangig** die Strafbarkeit aus § 231 StGB begründen.

Argument:

- § 231 StGB soll insbesondere **Beweisschwierigkeiten** wegen der Unübersichtlichkeit des Tatgeschehens **vermeiden**. Dann ist es verfehlt, bei der Tathandlung eine **kaum je zu ermittelnde Differenzierung** zwischen physischer und psychischer Mitwirkung einzuführen (Stichwort: **_Normzweck_**).

b) Theorie der körperlichen Mitwirkung

Vielfach wird auch vertreten, dass wie bei konstitutiver Schlägereibeteiligung zur täterschaftlichen Beteiligung eine **körperliche Mitwirkung** erforderlich sei.

Argument:

- Die bloß psychische Mitwirkung an einer Schlägerei kann wegen ihrer **geringeren Gefährlichkeit** der physischen nicht gleichgestellt werden. Sie ist daher dem Teilnahmebereich (§§ 26, 27 StGB) zuzuweisen.

Hinweise

- **Gar nicht beteiligt** ist, wer den Streit nur schlichten will, Verletzte fortbringt oder ausschließlich passives Angriffsobjekt ist.

- Überwiegend will man **als Gehilfen bestrafen**, wer an der Schlägerei mitwirkt, **ohne Partei zu ergreifen**, etwa indem er die Polizei ablenkt.

- Von einem **von mehreren verübten Angriff** ist die Rede, wenn **mindestens zwei Personen** eine auf Körperverletzungen eines anderen gerichtete Handlung unternehmen.

Vertiefungsfundstelle: *Küper*, Strafrecht BT, Stichwort: „Schlägerei"

Weitgehend anerkannt ist, dass gemäß § 231 StGB auch derjenige Schlägerei-beteiligte strafbar ist, der **vor** Verursachung der schweren Folge ausscheidet. Umstritten ist der Fall,

 **Streitstand** ⇨ **dass der Täter sich erst an der Schlägerei beteiligt, <u>nachdem</u> die schwere Folge bereits eingetreten war.**

a) Temporale Irrelevanztheorie

Überwiegend wird der Zeitpunkt der Beteiligung an der Schlägerei insgesamt für irrelevant gehalten. **Auch der nachträglich Beteiligte** werde nach § 231 StGB bestraft.

Argumente:

- Die Gefahr einer schweren oder tödlichen Verletzung **wohnt jedem Rauf-handeln inne.** Die schwere Folge kennzeichnet nur den Umstand, der die Strafbarkeit jeder Beteiligungshandlung auslöst.

- Das Gesetz will Beweisschwierigkeiten vermeiden, die bei undurchschauba-ren Vorgängen wie Schlägereien zwangsläufig entstehen (Stichwort: *Beweisschwierigkeiten*). Auch deshalb ist der Beteiligungszeitpunkt irrele-vant. ,

b) Konkrete Gefährlichkeitstheorie

Teilweise wird für richtig gehalten, dass zwar auch derjenige Beteiligte, der sich vor Eintritt der schweren Folge vom Tatort entfernt, noch strafbar sei, nicht aber derjenige, der sich erst danach am Geschehen beteiligt hat.

Argument:

- Jeder, der mitprügelt, fördert das Risiko von Eskalationen, und zwar auch dann, wenn er noch in letzter Minute den Tatort verlässt. Wer später hinzu-kommt, hat aber **keinen Gefährlichkeitsbeitrag**, der sich in der schweren Folge realisiert haben könnte, geleistet (Stichwort: *kein Gefahrbeitrag*).

Vertiefungsfundstelle

Zopfs, Jura 1999, 172 (177ff.).

Die Tathandlung in § 221 I Nr. 1 StGB ist das Versetzen in eine hilflose Lage.

 **Streitstand** ⇨ **Dabei ist die Auslegung des Merkmals „Versetzen" umstritten.**

a) Theorie der Ortsveränderung

Teilweise wird immer noch vertreten, das Merkmal „Versetzen" i.S.v. § 221 I Nr. 1 StGB erfordere eine **Veränderung des Aufenthaltsortes** des Opfers.

Argumente:

- Das Gesetz lässt nicht jede Verursachung einer hilflosen Lage ausreichen, sondern fordert mit dem „Versetzen" ein „Verbringen" des Opfers in eine solche Situation und damit eine Ortsveränderung (Stichwort: **Versetzen = Verbringen**).

- Der Verzicht auf eine Veränderung des Aufenthaltsortes lässt die Beschränkung des § 221 I Nr. 2 StGB auf Täter mit Garantenpflicht gegenüber dem Opfer praktisch leer laufen (Stichwort: **Anwendungsbereich 221 I Nr. 2**).

b) Theorie der bloßen Verursachung

Überwiegend wird eine weite Auslegung befürwortet: Versetzen meine **jede Herbeiführung** einer hilflosen Lage.

Argumente:

- Der Wortlaut „Versetzen" erfordert anders als die frühere Fassung „aussetzt" **keine Ortsveränderung mehr** (Stichwort: **weiter Wortlaut**).

- Der Gesetzgeber hat insbesondere in § 221 I Nr. 2 StGB (früher: „Verlassen in hilfloser Lage") durch Einfügung des Merkmals „Imstichlassen" zum Ausdruck gebracht, dass die Ortsveränderung nicht mehr tatprägend ist (Stichwort: **allgemeine Tatbestandserweiterung**).

- § 221 I Nr. 2 StGB wird nicht umgangen, wenn die **Fälle des räumlichen Verlassens** ausschließlich dieser Nummer zugewiesen werden.

Hinweise

- Umstritten ist bei § 221 I Nr.1 StGB auch das Verhältnis des Tatbestandsmerkmals „hilflose Lage" zu der konkreten Gefahr für das Opfer.

o   Teilweise wird vertreten, hilflose Lage und konkrete Opfergefährdung seien **zwei getrennte Merkmalskomplexe**. Das wird aus der Kausalbeziehung zwischen hilfloser Lage und Gefahrerfolg („und dadurch") gefolgert: Der Erfolg dürfe sich **nicht** in einer Gefährdung des Opfers erschöpfen, die schon dem „Versetzen" unmittelbar anhafte. Vielmehr müsse der Eintritt des konkreten Gefahrerfolgs spezifisch auf der hilfsbedürftigen Lage beruhen.

o   Die überwiegende Gegenauffassung sieht auch die **bloße Verursachung einer konkreten Gefahr** ohne vorherige selbständige hilflose Lage als tatbestandsmäßig an. Der Wortlaut lasse diese Auslegung zu, da nur ein Gefahrenzusammenhang zwischen Tathandlung und Erfolg gefordert werde. Die Gefährdungsklausel habe nur den Sinn, die **Art der Gefahr** klarzustellen, während die konkrete Gefahrenlage als solche bereits vom Merkmal der Hilflosigkeit erfasst sei.

- Umstritten ist ferner innerhalb der überwiegenden Auffassung, ob § 221 I Nr. 1 StGB auch **durch bloßes Verlassen des Opfers** verwirklicht werden kann (**etwa**: Bergführer lässt unerfahrenen Wanderer allein zurück, so dass dieser in konkrete Lebensgefahr gerät.).

   o   Teilweise wird auch dieser Fall unter § 221 I Nr. 1 StGB subsumiert.

   o   Vielfach wird § 221 I Nr. 1 StGB hingegen abgelehnt, weil dieser Fall von § 221 I Nr. 2 StGB **speziell** geregelt werde. Im Übrigen entstehe die hilflose Lage in diesen Fällen nicht durch das Verlassen, sondern liege bereits vor, so dass allenfalls ein Unterlassen in Betracht komme.

- Nach überwiegender Auffassung ergeben sich für das Imstichlassen in hilfloser Lage gemäß § 221 I Nr. 2 StGB zwei Varianten:

   o   **Das räumliche Verlassen:** Beim räumlichen Verlassen müssen dem Opfer die Rettungschancen **gerade durch das Weggehen** entzogen werden, die der Täter beim Verbleiben und pflichtgemäßer Handlung (*str.: besser*) hätte wahrnehmen können. Das ist nur der Fall, wenn der Täter vor Ort und selbst hätte helfen können.

   o   **Schlichtes Hilfeleistungsunterlassen:** Beim schlichten Hilfeleistungsunterlassen ist der Tatbestand bereits erfüllt, wenn die erforderliche Hilfeleistung, etwa die Rettungskräfte zu alarmieren, unterlassen wird.

Vertiefungsfundstelle

Küper, Strafrecht BT, Stichwort: „Aussetzung"

§ 239 I StGB schützt die **Fortbewegungsfreiheit**, also die Freiheit des Menschen, einen gegenwärtigen Aufenthaltsort **zu verlassen**. Dabei ist umstritten,

 **Streitstand** ⟹ **ob nur die aktuelle Bewegungsfreiheit erfasst ist, oder auch die potentielle.**

a) Theorie vom aktuellen Fortbewegungswillen

Teilweise wird vertreten, § 239 I StGB schütze die **aktuelle** Fortbewegungsfreiheit des Opfers. Der Verletzungserfolg setzt bei diesem daher einen **tatsächlich-aktuellen Willen zur Ortsveränderung** voraus.

Argumente:

- Ohne aktuellen Fortbewegungswillen wird die **Autonomie des Opfers nicht verletzt**, so dass es am Erfolg des § 239 I StGB fehlt (Stichwort: *Erfolg*).

- Die Möglichkeit des Versuchs darf nicht umgangen werden (Stichwort: *Versuchsmöglichkeit nicht wegdefinieren*), und eine Umwandlung des § 239 I StGB in ein Gefährdungsdelikt ist ebenso wenig statthaft (Stichwort: 239 *kein Gefährdungsdelikt*).

b) Potentialitätstheorie

Überwiegend wird für richtig gehalten, die **potentielle Fortbewegungsfreiheit** sei durch § 239 I StGB geschützt. Es spiele keine Rolle, ob das Opfer darum weiß, eingesperrt zu sein, oder den Willen hat, sich fortzubewegen.

Argument:

- Die persönliche Freiheit ist von **herausragender Bedeutung** (Art. 2 II, 104 GG). § 239 StGB will dem Individuum einen **elementaren Bewegungsraum verfügbar halten**, unabhängig davon, ob es ihn nutzen will oder nicht (Stichwort: *umfassender Freiheitsschutz*).

Hinweis

Die **Aktualisierbarkeitstheorie** sieht den Tatbestand als erfüllt an, wenn das Opfer seinen Aufenthaltsort **wenigstens verlassen wollen könnte**. Damit wird zwar kein aktueller Wille gefordert, aber Schlafenden u. Betrunkenen der Strafschutz versagt.

Vertiefungsfundstelle

Kargl, JZ 1999, 73

Der Freiheitsberaubungserfolg ist eingetreten, wenn das Opfer für einen nicht nur unerheblichen Zeitraum (s.u. Hinweis) seinen Aufenthaltsort nicht oder nicht in „zumutbarer" Weise (Stichwort: *Erheblichkeitsschwelle*) verlassen kann.

Streitstand ⇨   **Wann ein Fortbewegungshindernis zur Freiheitsberaubung wird, ist unklar.**

Häufig spielen dabei rein **psychische Hindernisse** eine Rolle. Eine mögliche Erörterung dieser noch offenen Problematik könnte wie folgt aussehen:

a) Allgemeine Unzumutbarkeitstheorie

Teilweise wird vertreten, dass jeder psychische Zwang von einigem Gewicht für § 239 I StGB genüge, wenn der Täter sein Opfer dadurch veranlasst, an einem bestimmten Ort zu bleiben. Es reiche hin, wenn das Weggehen **ungewöhnlich, beschwerlich oder allgemein als anstößig** anzusehen wäre.

Argument:

- Für das Opfer stellt sich derartiger Zwang **ebenso als Bewegungsschranke** dar wie physische Hindernisse (Stichwort: *Wirkungsäquivalenz*).

b) Theorie der unzumutbaren Gefährlichkeit

Teilweise wird für richtig gehalten, § 239 I StGB nur dann für einschlägig zu halten, wenn eine objektiv verbleibende Fortbewegungsmöglichkeit deshalb unzumutbar ist, weil sie **gefährlich** ist (Stichwort: *Gefahr für Leib oder Leben*).

Argumente:

- § 239 I StGB setzt die vollständige Aufhebung der persönlichen Freiheit voraus, die den **Betroffenen zum Gefangenen** macht. Deshalb muss der Begriff der Unzumutbarkeit **eng ausgelegt** werden: Nicht zumutbar ist dem Betroffenen, Gefahren für Leib oder Leben auf sich zu nehmen oder selbst Gewalt anzuwenden, um in Freiheit zu gelangen (Stichwort: *restriktives Unzumutbarkeitsverständnis*).

- § 239 StGB schützt anders als § 240 StGB **nicht die Willensfreiheit**, sondern die tatsächliche Fortbewegungsfreiheit im physischen Sinn. Deswegen ist nicht jede Unannehmlichkeit bei tatsächlich fortbestehender Bewegungsfreiheit tatbestandsmäßig i.S.v. § 239 StGB (Stichwort: *Abgrenzung zu 240*).

Hinweise

- Zur erforderlichen **Dauer der Freiheitsberaubung** ist anerkannt, dass ganz kurze Beeinträchtigungen regelmäßig nicht genügen. Einen Anhalt bietet die Formel des Reichsgerichts, nach der die **Dauer eines Vaterunsers** genügt. Eine bloß kurze Fixierung auf Boden reicht nicht, außerdem ist eine Körperverletzung nicht zwingend mit Freiheitsberaubung verbunden.

- Ein Sonderproblem stellt die **durch List bewirkte „Freiheitsbeeinträchtigung"** dar. Umstritten ist, ob auch die List des Täters von § 239 StGB erfasst wird, namentlich wenn der Täter dem Opfer nur vorspiegelt, dass dessen persönliche Fortbewegungsfreiheit eingeschränkt sei.

  o Überwiegend wird vertreten, für § 239 I StGB genüge, wenn das Opfer in Bedingungen versetzt wird, unter denen es sich **für eingesperrt hält** (Stichwort: *Opferperspektive*). Dafür spricht, dass die Vorspiegelung der Freiheitseinschränkung seitens des Täters beim Opfer faktisch den gleichen Verlust an körperlicher Bewegungsfreiheit wie tatsächliche Barrieren bewirkt. Wenn bereits die potentielle Fortbewegungsfreiheit Schutzgut von § 239 StGB sei (s. STREITSTAND 17), müsse erst recht vom Opfer als real empfundene Beschränkungen tatbestandsmäßig sein.

  o Teilweise wird jedoch auch abgelehnt, § 239 I StGB für einschlägig zu erachten, wenn sich Opfer lediglich für eingesperrt hält. Dafür spricht, dass **objektiv keine Beschränkung** der Fortbewegungsfreiheit vorliegt, sondern nur eine vom Täter veranlasste Beeinträchtigung der Willensentschließung. Diese werde von § 239 StGB aber nicht geschützt.

Vertiefungsfundstelle

Schönke/Schröder-*Eser-Eisele* (2010), § 239 Rn. 6

Der **klassische Gewaltbegriff** hob darauf ab, dass erhebliche Körperkraft gegen das Opfer angewendet wurde, um dessen geleisteten oder erwarteten Widerstand zu überwinden (Stichwort: **Körperkraft**). Das wird heute kaum noch gefordert; anerkannt ist, dass auch **bei nur geringem Krafteinsatz** Gewalt in Betracht kommt.

 **Streitstand** ⇨ Darüber hinaus sind die Konturen des Gewaltbegriffs umstritten, insbesondere hinsichtlich der erforderlichen Zwangswirkung beim Opfer.

a) Weiter Gewaltbegriff

Teilweise wird auf eine **Zwangswirkung** beim Opfer **ganz verzichtet** und Gewalt in **jedem Vorgehen** gesehen, das bestimmt und geeignet ist, einen tatsächlichen oder geleisteten Widerstand zu überwinden (Stichwort: **Zwangswirkung→ keine**).

Argument:

- Wenn Nötigung zu einer Handlung bereits durch Ankündigung eines zukünftigen Übels gegeben ist, dann erst recht, wenn die Handlung **durch Zufügung** des Übels erzwungen wird (Stichwort: **Drohungsvergleich**).

b) Restriktiver Gewaltbegriff

Überwiegend – auch von der Rechtsprechung – wird Gewalt als **körperlich vermittelter Zwang** beschrieben, den das Opfer auch **physisch empfinden** müsse. Ein erheblicher Kraftaufwand des Täters sei nicht erforderlich (Stichwort: **Zwangswirkung→ nur körperlich**).

Argumente:

- Der weite Gewaltbegriff widerspricht dem Gesetz. § 240 I StGB differenziert zwischen Nötigungserfolg („nötigen") und Nötigungsmitteln („Gewalt" / „Drohung"), Stichwort: **Differenzierung Erfolg / Mittel**. Dem Gewaltbegriff kommt somit eine tatbestandseinschränkende Funktion zu.

- Die Zwangswirkung beim Opfer **muss körperlich** und nicht nur seelisch sein, weil andernfalls die **Wortlautgrenze** überschritten wäre: Dem Gewaltbegriff ist ein körperliches Element immanent (Stichwort: **Art. 103 II GG**).

c) Entmaterialisierter Gewaltbegriff

Vielfach wird Gewalt auch schon bei **psychischer** Zwangs**wirkung** bejaht. Wie bei allen Gewaltbegriffen muss diese aber auch durch eine **körperliche Handlung vermittelt** werden (Stichwort: *Zwangswirkung→ körperlich oder seelisch*).

Argument:

* Ob der körperlich ausgeübte Zwang physisch oder psychisch wirkt, macht keinen Unterschied, wenn das gewünschte Verhalten erreicht wird.

Hinweise

* Den von der Rechtsprechung vertretenen Gewaltbegriff kann man in 3 Elementen zusammenfassen:

  (1) auf Täterseite: Entfaltung von Kraft oder sonstige **physische** Einwirkung auf das Opfer;

  (2) auf Opferseite: **körperlich** wirkender Zwang und

  (3) Finalstruktur: **um** geleisteten oder erwarteten Widerstand zu brechen.

* Die meisten Schwierigkeiten bestehen darin, die **körperliche Zwangswirkung** beim Opfer herauszuarbeiten. Sie ist anerkannt, wenn dem Opfer unmittelbare Leibes- oder Lebensgefahren drohen. Überwiegend wird sie aber auch dann noch bejaht, wenn ein äußeres Hindernis für die Fortbewegungsfreiheit geschaffen wurde, dass das Opfer entweder gar nicht, nur mit erheblicher Gegengewalt oder nicht in zumutbarer Weise überwinden kann.

* **Gewalt gegen Sachen** (etwa: Aushängen des Fensters bei großer Kälte) ist für § 240 StGB genügend, wenn sich diese **mittelbar** auf den Körper des Opfers auswirkt.

Vertiefungsfundstelle

Herzberg, GA 144 (1997), 251

Anerkannt ist, dass eine Drohung in der Verhaltensform des Unterlassens, § 13 StGB, möglich ist. Davon zu unterscheiden ist die Problematik der aktiven (also durch positives Tun) Drohung **mit** einem Unterlassen. Die Nötigungsmacht des Täters besteht in diesen Fällen darin, gerade nicht zu Gunsten des Opfers in einen laufenden nachteiligen Kausalprozess einzugreifen. Umstritten ist,

 **unter welchen Voraussetzungen in solchen Fällen eine Drohung mit einem empfindlichen Übel vorliegt.**

a) Garantenpflichttheorie

Nur noch selten wird die Auffassung vertreten, eine tatbestandliche Drohung mit einem Unterlassen liege **nur vor, wenn der Täter als Garant verpflichtet** war, die Handlung vorzunehmen, die er zu unterlassen ankündigte.

Argumente:

- Der Täter schränkt die Freiheit des Adressaten nicht ein, sondern erweitert sie, wenn er ihm die Abwendung eines Übels in Aussicht stellt, zu der er nicht als Garant verpflichtet war (Stichwort: *Freiheitserweiterung*).

- Nur eine Rechtspflicht aus Garantenstellung vermag das angedrohte Unterlassen den übrigen Nötigungsmitteln gleichzustellen (Stichwort: *Gleichwertigkeit der Nötigungsmittel*). Ansonsten bleibt es bei einer etwaigen Strafbarkeit nach § 323c StGB.

b) Rechtspflichttheorie

Teilweise wird vertreten, eine tatbestandliche Drohung mit einem Unterlassen liege vor, **sofern eine Rechtspflicht zur Abwendung** des angekündigten Übels besteht.

Argumente:

- Das Unterlassen einer Handlung, die im freien Belieben eines anderen steht, ist rechtlich kein Übel für den Betroffenen. Das ändert sich, sofern eine Rechtspflicht zum Handeln besteht (Stichwort: *keine Freiheit bei Rechtspflicht*).

- Eine Garantenpflicht ist nicht erforderlich, weil sie **nur die Strafbarkeit des Unterlassenden** regelt. Der „Anspruch des Opfers" wird aber durch jede beliebige Rechtspflicht begründet (Stichwort: *„Anspruch"*).

c) Weite Verwerflichkeitslösung

Überwiegend ist man der Ansicht, dass **auch ohne Rechtspflicht** zum Handeln eine tatbestandliche Drohung vorliege, wenn der Täter mit dem Unterlassen ein **empfindliches Übel** in Aussicht stellt.

Argumente:

- Auch erlaubtes Verhalten kann für das Opfer ein Übel bedeuten und verwerflich i.S.v. § 240 II StGB sein (Stichwort: *Übel oder nicht Übel?*).

- Ob sich das Druckmittel als Tun oder Unterlassen darstellt, ist **häufig zufällig und von der Formulierung abhängig**.

- Indem der Täter sein Opfer vor die Wahl zwischen zwei Übeln stellt, bürdet er ihm eine zusätzliche Belastung auf (Stichwort: *Last der Wahl*). Der Freiheitsschutz des Opfers reicht soweit, dass eine mit unangemessenen Bedingungen verknüpfte Hilfe rechtswidrig ist.

Hinweise

- Man kann auch so differenzieren: Kündigt der Täter an, eine ohnehin schon schlechte Lage des Opfers **nur nicht zu verbessern**, liege keine Drohung vor. **Verschlechtert** sich hingegen die Situation des Opfers durch Ablehnung der vom Täter gesetzten Bedingung, soll eine Drohung vorliegen.

- Die Ankündigung, eine **rechtlich verbotene** Handlung nicht vorzunehmen, ist zwar auch ein Druckmittel. Jedoch gewährt das Strafrecht davor keinen Schutz. Vielmehr muss das Opfer der Verlockung des verbotenen Vorteils in besonnener Selbstbehauptung **standhalten**.

- Aus dem Vorstehenden ergibt sich, dass der umstrittene Bereich **das erlaubte Unterlassen eines erlaubten Verhaltens** betrifft: Anerkannt ist, dass das Unterlassen der Erfüllung einer Garantenpflicht eine einschlägige Übelsandrohung ist. Die Ankündigung, verbotenes Handeln zu unterlassen, ist hingegen keine Nötigung.

- Hinzuweisen ist noch auf die generelle Streitfrage, ob **mit einem erlaubten Verhalten** (durch Tun oder Unterlassen) überhaupt tatbestandsmäßig gedroht werden kann. Das wird ganz überwiegend bejaht, weil jeder Nachteil in der Lage sei, das Opfer psychisch zu lenken. Eine Mindermeinung will hingegen nur rechtswidrige Eingriffe tatbestandlich als Drohung auffassen. Dagegen sprechen aber sowohl der naturalistische Ursprung des Drohbegriffs als auch der Wortlaut von § 240 StGB.

Die Drohung wird definiert als Inaussichtstellen eines zukünftigen Übels, auf das der Drohende Einfluss zu haben vorgibt. Anerkannt ist, dass eine Drohung auch dann vorliegt, wenn der Täter gar nicht in der Lage ist, dass angekündigte Übel zu verwirklichen (Stichwort: *leere Drohung*). Denn auch in diesem Fall ist das Schutzgut, die Freiheit der Willensbestimmung, betroffen. Umstritten ist hingegen,

 **Streitstand** ⇨ **ob es zum Begriff der Drohung gehört, dass das Opfer die Verwirklichung des angekündigten Übels zumindest für möglich hält.**

a) Theorie der Opferperspektive

Teilweise wird auf die Opferperspektive abgestellt: Eine vollendete Drohung liege nur vor, wenn das Opfer das angekündigte Übel **ernstgenommen** habe.

Argument:

- Wenn das Opfer die Drohung nicht ernst nimmt, ist das Rechtsgut, Freiheit der Willensbestimmung, nicht betroffen (Stichwort: *keine Rechtsgutverl.*).

b) Intentionale Täterperspektive

Nach anderer Ansicht kommt es nur darauf an, dass der Bedrohte die Ankündigung **nach der Tätervorstellung ernstnehmen soll**. Irrelevant sei, ob sie vom Adressaten faktisch ernstgenommen werde.

Argumente:

- Nach dem Wortsinn ist die Drohung erfolgsneutral (Stichwort: *Erfolgsneutralität*). Das ist auch bei § 241 StGB allgemein anerkannt (Stichwort: *241*).

- Die Drohung ist nur das **Mittel** des intentionalen Angriffs auf die Freiheit der Willensbestimmung. Deren **Wirkung liegt außerhalb** des Drohbegriffs.

Hinweis

Dieses Problem ist bei Nötigungsdelikten, die einen **Kausalzusammenhang** zwischen Drohung und Opferverhalten voraussetzen, wie §§ 240, 253, 255 StGB, **nicht relevant:** Nimmt der Übelsadressat die Drohung nicht ernst, wird er durch sie nicht motiviert, so dass **mangels Kausalzusammenhang** ohnehin nur Versuch in Betracht kommt. Anders liegt es bei Delikten wie §§ 249, 252 StGB, bei denen überwiegend nicht ein kausaler Zusammenhang gefordert wird, sondern nur ein subjektiver Finalzusammenhang.

Die Äußerung einer ehrenrührigen Tatsache gegenüber dem Ehrträger ist nicht nach § 185 StGB strafbar, wenn die Tatsache **erwiesen wahr** ist. Umstritten ist

Streitstand ⇨ **die Strafbarkeit nach § 185 StGB, wenn die Tatsache nicht erweislich wahr ist.**

Wenn die Unwahrheit der Tatsache zum objektiven Tatbestand des § 185 StGB gehören würde, schiede in dubio pro reo eine Bestrafung aus.

a) Analogielösung zu § 186 StGB

Nach teilweise vertretener Auffassung geht beim Beleidigungstatbestand die Nichterweislichkeit der Wahrheit **zu Lasten des Täters**.

Argumente:

- § 186 StGB enthält ein allgemeines Prinzip des strafrechtlichen Ehrschutzes, nach dem der begründete Achtungs- oder Geltungswert des Betroffenen solange vermutet wird, bis die Wahrheit der Behauptung bewiesen ist (Stichwort: *Ehrvermutung*).

- Dem Betroffenen wird **nicht zugemutet**, ehrverletzende Äußerungen nur deshalb hinzunehmen, weil er nicht das Gegenteil beweisen kann.

b) Tatbestandslösung

Überwiegend, insbesondere auch von der Rechtsprechung, wird die **Unwahrheit als objektives Tatbestandsmerkmal** des § 185 StGB behandelt.

Argumente:

- Die Beweislastumkehr des § 186 StGB ist dem Strafrecht fremd. Deren Anwendung i.R.v. § 185 StGB hätte schon mit Blick auf das Gesetzlichkeitsprinzip, Art. 103 II GG, einer ausdrücklichen Regelung bedurft (Stichwort: *Analogieverbot*).

- § 186 StGB betrifft eine **besondere** Situation der Ehrgefährdung, die der Täter dadurch schafft, dass er Dritten tatsächliche Grundlagen für deren Missachtung liefert. Diese Gefahr der Weiterverbreitung fehlt im Zwei-Personen-Verhältnis von § 185 StGB (Stichwort: *keine Gefahr summierten Geltungsschadens*). Unter vier Augen kann der Betroffene die unwahre Behauptung auch selbst und unmittelbar klarstellen. Wegen der **geringeren Gefahr** für die Ehre des Betroffenen besteht auch sachlich kein Anlass, die Ehrvermutung aus § 186 StGB auf § 185 StGB zu übertragen.

Der Täter kann seine ehrenrührige Äußerung auf eine Personenmehrheit beziehen, ohne einzelne Mitglieder des Kollektivs zu individualisieren. Dann handelt es sich nicht um einen Einzelehrangriff durch kollektiv verdeckte Individualisierung, sondern um eine **echte Kollektivbeleidigung**. Umstritten ist,

 **Streitstand** ⇨ **ob eine Personenmehrheit als Kollektiv überhaupt (passiv) beleidigungsfähig ist.**

a) Theorie von der Verbandsehre

Überwiegend wird anerkannt, dass eine Personenmehrheit grundsätzlich passiv beleidigungsfähig (= **Ehrträger**) sein kann.

Argumente:

- Der Gesetzgeber geht wie selbstverständlich von der passiven Beleidigungsfähigkeit von Personenmehrheiten aus. Das zeigt § 194 III, IV StGB, der nur eine Modifikation der Strafantragsbefugnis statuiert (Stichwort: *194 III, IV*).

- Lehnt man die Verbandsehre von Personengemeinschaften ab, entsteht eine **Strafbarkeitslücke**. Insbesondere das soziale Wirken größerer Organisationen wie Gewerkschaften und Kirchen kann nicht mit dem Institut der Beleidigung unter einer Kollektivbezeichnung geschützt werden (Stichwort: *Strafbedürfnis*).

b) Ablehnende Theorie

Teilweise wird die passive Beleidigungsfähigkeit von Kollektiven über § 194 III, IV StGB hinaus **verneint**.

Argumente:

- Verbänden als solchen kommt **kein personaler Geltungswert** zu (Stichwort: *Ehre nur bei Menschen*).

- „Kollektivehre" ist allenfalls Folge der Ehre der an der Personengesamtheit beteiligten Individualpersonen. § 194 III, IV StGB leitet ausnahmsweise aus dem Ehrschutz des Individuums einen Verbandsschutz ab. Diese Ausnahmen bedürfen aber ausdrücklicher gesetzlicher Regelung (Stichwort: *Analogieverbot*).

- Strafbarkeitslücken entstehen nicht, da die Beleidigung von Verbandsmitgliedern unter einer Kollektivbezeichnung möglich bleibt (Stichwort: *keine Strafbarkeitslücke*). Jedenfalls wäre der Zivilrechtsschutz ausreichend.

Hinweise

- Innerhalb der Theorie von der Verbandsehre ist anerkannt, dass nur solchen Personengemeinschaften der Ehrschutz zukommt, die eine **sozial anerkannte Funktion** erfüllen und einen **einheitlichen Willen** bilden können. Rein gesellige Vereinigungen sind nicht beleidigungsfähig. Teilweise wird darüber hinaus gefordert, dass der Verband unabhängig vom Wechsel seiner Mitglieder sein müsse.

- Von der echten Kollektivbeleidigung (Stichwort: *Kollektiv als Ehrträger*) ist die Individualbeleidigung **unter einer Kollektivbezeichnung** zu unterscheiden. Nennt der Täter nur das Kollektiv, kann darin ein Ehrangriff gegen alle Mitglieder der Personenmehrheit liegen. Dies setzt anerkanntermaßen voraus, dass die benannte Gruppe **klar von der Allgemeinheit abgrenzbar** ist, so dass der Kreis der Betroffenen nicht zweifelhaft ist. Darüber hinaus ist umstritten, ob das Kollektiv **zusätzlich zahlenmäßig überschaubar** sein muss. Dafür sprechen die Notwendigkeit der Tatbestandseingrenzung und Bestimmtheit.

Vertiefungsfundstelle

Küper, Strafrecht BT, Stichwort: „Beleidigung"

Eindringen i.S.v. § 123 I, Fall 1 StGB setzt ein Betreten gegen oder ohne den Willen des Berechtigten voraus. Vor diesem Hintergrund ist umstritten,

 **Streitstand** ⇨   **ob ein Eindringen i.S.v. § 123 I StGB trotz genereller Zutrittserlaubnis vorliegt, wenn der Täter die Räume zu rechtswidrigen Zwecken betritt.**

a) Willensverletzungstheorie

Teilweise wird der Tatbestand **generell bejaht**, wenn der Täter zu rechtswidrigen Zwecken handelt.

Argumente:

- Die Zutrittserlaubnis wurde nur für erlaubte Zwecke erteilt, nicht jedoch für den Fall, dass Straftaten begangen werden sollen (Stichwort: ***zweckgebundene Zutrittserlaubnis***).

- Der Widerstand des Berechtigten wird bereits dann **gebrochen**, wenn dessen erkennbar entgegenstehender **Wille als „geistige Barriere"** überwunden wird.

b) Theorie vom äußeren Erscheinungsbild

Überwiegend wird für richtig gehalten, dass ein Eindringen erst dann vorliegt, wenn das äußere Erscheinungsbild des Betretens deutlich von dem Verhalten abweicht, das durch die generelle Eintrittserlaubnis gedeckt ist (Stichwort: ***Maskentheorie***).

Argumente:

- Die generelle Zutrittserlaubnis reicht soweit, wie sie der Hausrechtsinhaber selbst bei individuellen Einlasskontrollen erteilen würde: Dies wäre bei allen Personen der Fall, die nach ihrem äußerem Auftreten potentielle Kunden sind (Stichwort: ***hypothetische Einlasskontrolle***).

- Die Täuschung der eintretenden Person, potentieller Kunde zu sein, führt nicht zur Unwirksamkeit des generellen Einverständnisses: Es ist faktischer Natur und beruht auf einem natürlichen Willen des Hausrechtsinhabers, der **unempfindlich gegenüber Willensmängeln** ist.

- Auf einen mutmaßlich entgegenstehenden Willen des Hausrechtsinhabers kann man nicht abstellen, wo das Einverständnis ausdrücklich (hier: konkludent) erklärt ist (Stichwort: ***erklärter vor hypothetischem Willen***).

Eindringen i.S.v. § 123 I StGB durch pflichtwidriges Unterlassen

Hindert ein Garant eine von ihm zu überwachende Person nicht daran, in den von § 123 I StGB geschützten Bereich aktiv einzudringen, ist seine Strafbarkeit wegen Eindringens durch Unterlassen anerkannt. Umstritten ist hingegen, ob

 ⇨ **der Täter wegen Eindringens durch Unterlassen auch strafbar sein kann, wenn er sich aus dem räumlichen Schutzbereich pflichtwidrig nicht entfernt, sondern in ihm weiter verweilt.**

a) Weite Theorie vom Eindringen durch Unterlassen

Überwiegend wird auch dieser Fall als Eindringen durch Unterlassen nach §§ 123 I, Fall 1, 13 I StGB bestraft.

Argumente:

- Die Garantenstellung folgt aus **Ingerenz**: Entweder erkennt der Täter nachträglich, einen Raum ohne den Willen des Berechtigten betreten zu haben, oder er überschreitet vorsätzlich eine zeitlich begrenzte Zutrittserlaubnis.

- Das echte Unterlassungsdelikt aus § 123 I, Fall 2 StGB schließt eine Tatbestandsverwirklichung als unechtes Unterlassungsdelikt nicht aus: Fall 2 ist nämlich (nur) **subsidiär** zu Fall 1 (Stichwort: *keine tatbest. Exklusivität*).

b) Restriktive Theorie vom Eindringen durch Unterlassen

Im Vordringen ist die Auffassung begriffen, die ein Eindringen durch Unterlassen **in diesen Fällen ablehnt.** § 123 I, Fall 1 StGB sei als unechtes Unterlassungsdelikt nur in der Form der Nichthinderung des aktiv Eindringenden durch den Garanten möglich.

Argumente:

- Eindringen setzt voraus, dass die abgeschirmte Schutzsphäre überwunden wird (Stichwort: *aktive Überwindung*). Dem bloß pflichtwidrigen Nichtweggehen fehlt es bereits an der **Modalitätenäquivalenz** i.S.v. § 13 I StGB a.E.

- Die Rechtsgutsverletzung durch Unterlassen ist in § 123 I StGB in seinem **Fall 2 abschließend** geregelt. Insbesondere darf das **Aufforderungserfordernis nicht umgangen** werden (Stichwort: *Fall 2 = lex specialis*).

- Der Erfolg des Eindringens i.S.v. § 123 I StGB liegt **nicht im Darinsein**, sondern im Hineingelangen. Dieser Erfolg kann durch Verlassen der Schutzsphäre **gar nicht mehr abgewendet** werden.

<table>
<tr><td>**26**</td><td>**Rechtmäßigkeit einer Vollstreckungs-
handlung i.S.v. § 113 I, III StGB**</td><td>F
§ 113
Rn 9ff</td></tr>
</table>

§ 113 III 1 StGB schließt die Strafbarkeit nach § 113 StGB für den Fall aus, dass die Vollstreckungshandlung nicht rechtmäßig ist. Umstritten ist,

 **Streitstand** ⇨ **wie die Rechtmäßigkeit von Vollstreckungs-
handlungen zu beurteilen ist.**

a) Strafrechtlicher (formeller) Rechtmäßigkeitsbegriff

Überwiegend wird ein besonderer strafrechtlicher Rechtmäßigkeitsbegriff vertreten. Es komme nur darauf an, ob

- der sachlich und örtlich zuständige Vollstreckungsbeamte gehandelt hat,
- die wesentlichen Förmlichkeiten eingehalten und
- die Eingriffsvoraussetzungen (bloß) pflichtgemäß gewürdigt wurden (Stichwort: *nur keine Willkür*).

Sind diese Voraussetzungen erfüllt, sei die Vollstreckungshandlung **ohne weitere Berücksichtigung der materiellen Rechtslage** rechtmäßig (Stichwort: *Irrtumsprivileg des Staates*).

Argumente:

- Der Rechtmäßigkeitsbegriff i.R.v. § 113 III 1 StGB ist entsprechend dem Sinn der Vorschrift **spezifisch strafrechtlich** zu bestimmen: § 113 StGB untersagt dem Einzelnen handgreiflichen Widerstand gegen den formell rechtmäßig handelnden Beamten (Stichwort: *Schutzzweck 113*).
- Vollstreckungsbeamte müssen häufig sehr schnell Entscheidungen treffen. Sie sind faktisch gar nicht in der Lage, jeweils alle tatsächlichen Umstände umfassend zu erkennen. Ein verwaltungsrechtlicher (materieller). Rechtmäßigkeitsbegriff würde Initiativen der Beamten zum Schaden der Allgemeinheit lähmen, weil sie einem **hohen Risiko rechtmäßigen Widerstands** ausgesetzt wären (Stichwort: *Effektivität der Verwaltung*).

b) Materieller Rechtmäßigkeitsbegriff

Nach einer stärker werdenden Gegenauffassung sind Vollstreckungshandlungen nur dann rechtmäßig, wenn sie **allen Voraussetzungen des Vollstreckungsrechts** entsprechen.

- Ein Irrtumsprivileg des Staates zu Lasten des Bürgers entspringt **obrigkeitsstaatlichem, nicht aber rechtstaatlichem Denken** (Stichwort: *Rechtstaatlichkeit*).

- Die Effektivität der Verwaltung stellt der Gesetzgeber durch gesonderte Verfahren sicher, namentlich durch die Möglichkeit von Eilentscheidungen (Stichwort: *Eilentscheidungen*).

- Außerhalb der Eingriffsbefugnisse kraft Gesetzes unter Beachtung von deren Voraussetzungen gibt es kein rechtmäßiges Eingriffshandeln des Staates (Stichwort: *Vorbehalt des Gesetzes, Art. 20 III GG*).

Hinweise

- Die beiden Theorien setzen **übereinstimmend** voraus, dass der Vollstreckungsbeamte die **rechtlichen** Voraussetzungen seines Handelns zutreffend würdigt. Rechtsirrtümer führen zur Rechtswidrigkeit. Beurteilt er hingegen die **tatsächlichen** Eingriffsvoraussetzungen falsch, nimmt die formelle Lehre dennoch Rechtmäßigkeit des Handelns an, wenn der Beamte nach pflichtgemäßer Würdigung aller Umstände annehmen konnte, berechtigt zu sein. Jedoch ist nicht zu übersehen, dass vielfach die Eingriffstatbestände **Verdachtsregelungen** sind: Dadurch wird die Relevanz der Diskussion um den Rechtmäßigkeitsbegriff abermals gemindert.

- Auch die **Rechtsnatur von § 113 III 1 StGB**, ob Tatbestandsmerkmal, Rechtfertigungsgrund, objektive Bedingung der Strafbarkeit oder Strafausschließungsgrund, ist umstritten. Diese Diskussion ist aber ohne praktische Relevanz, weil § 113 III 1 StGB seine Rechtsfolgen selbst abschließend festlegt.

Vertiefungsfundstellen

Streitstände Kompakt Strafrecht I (Allgemeiner Teil) Nr. 45
Vitt, ZStW 106 (1994), 581

Überwiegend anerkannt ist, dass § 113 StGB den Täter gegenüber § 240 StGB **privilegiert**. Dadurch soll auf den **„begreiflichen Erregungszustand"** des von einer Vollstreckungshandlung Betroffenen schuldmindernd Rücksicht genommen werden. Entsprechend ist nicht § 113 I StGB, aber § 240 StGB einschlägig, solange keine privilegierende Vollstreckungssituation vorliegt, sondern etwa eine sonstige Diensthandlung eines Beamten zum Gesetzesvollzug. Das Verhältnis von § 113 I StGB und § 240 StGB ist jedoch umstritten, wenn

 ⇨ **in einer Vollstreckungssituation die Intensität der Widerstandshandlung des Täters unterhalb der Eingriffsschwelle von § 113 I StGB bleibt.**

a) Weite Privilegierungslösung

Teilweise ist man der Auffassung, dass § 113 I StGB in diesem Fall **zur Unanwendbarkeit von § 240 StGB** führe.

Argumente:

- Der Widerstand gegen Vollstreckungsbeamte ist im Verhältnis zur Nötigung das **speziellere Delikt**, das innerhalb der speziellen Konfliktlage die Strafbarkeit abschließend bestimmt (Stichwort: *Spezialität*). Bleibt das Täterverhalten unterhalb der Eingriffsschwelle von § 113 I StGB, ist der Täter straflos.

- Durch einen Rückgriff auf § 240 StGB würde die **Privilegierungsfunktion des § 113 StGB unterlaufen**. Auf § 240 StGB den Strafrahmen aus § 113 I StGB sowie dessen Absätze III und IV anzuwenden, führt im Ergebnis zur **Verurteilung aus dem gerade nicht erfüllten § 113 StGB** und ist daher abzulehnen.

a) Restriktive Privilegierungsthese

Andererseits wird die Auffassung vertreten, § 240 StGB finde mit der Maßgabe Anwendung, dass der Strafrahmen aus § 113 I StGB sowie die §§ 113 III, IV StGB dem Täter zugute kommen.

Argumente:

- Fehlt eine Tatbestandsvoraussetzung des § 113 StGB, ist diese Vorschrift **nicht einschlägig**. Sie kann folglich auch **nicht** eine Bestrafung des Täters aus § 240 StGB **sperren** (Stichwort: *keine Sperrwirkung mangels Einschlägigkeit*).

- Die Straflosigkeit von Nötigungen gegenüber Vollstreckungsbeamten ist im Interesse des **Schutzes des Amtsträgers** nicht hinzunehmen.

- Dem begreiflichen Erregungszustand des Täters in der Vollstreckungssituation wird hinreichend Rechnung getragen, indem nur aus dem Strafrahmen des § 113 I, III, IV StGB und nicht dem des strengeren § 240 StGB bestraft wird.

Hinweise

- Nimmt der Täter **irrtümlich eine Vollstreckungshandlung** an und leistet Widerstand,

  o wird einerseits die Anwendung von § 16 II StGB analog vorgeschlagen: Es sei nur **aus § 113 StGB zu bestrafen.** Sachlich ähnlich ist der Vorschlag, § 240 StGB mit Strafrahmen des § 113 I StGB und dessen Absätze III und IV anzuwenden.

  o Neuerdings wird auch in diesem Fall **völlige Straffreiheit** vorgeschlagen. Dem liegt die Vorstellung zugrunde, § 113 StGB schütze nicht den Amtsträger, sondern nur das staatliche Vollstreckungshandeln. Demnach liege ein (untauglicher) Versuch von § 113 I StGB vor, der jedoch nicht mit Strafe bedroht ist. § 240 StGB werde zwar von § 113 StGB **wegen der unterschiedlichen Schutzrichtung nicht gesperrt,** jedoch führe die Vorstellung des Täters (Widerstand gegen Vollstreckungshandlung) zu einem vorsatzausschließenden Tatumstandsirrtum (§ 16 I 1 StGB) hinsichtlich § 240 StGB.

- Leistet ein **unbeteiligter Dritter Widerstand** bei Vollstreckungshandlungen, ist dessen Privilegierung umstritten:

  o Dafür wird auf den Wortlaut von § 113 StGB hingewiesen. Es handele sich um ein Allgemeindelikt. Die Ausklammerung unbeteiligter Dritter sei eine Analogie zu Lasten des Täters und ein Verstoß gegen Art. 103 II GG. Im Übrigen passe der Privilegierungsgedanke auch auf Dritte: Sie können sich ebenso wie der unmittelbar Betroffene in begreiflicher Erregung wegen der Vollstreckungsmaßnahme befinden.

  o Dagegen wird vorgeschlagen, die vergleichsweise geringere emotionale Betroffenheit unbeteiligter Dritter nur bei der Strafzumessung i.R.v. § 240 StGB zu berücksichtigen.

Vertiefungsfundstelle

Deiters, GA 149 (2002), 259, *Sander*, JR 1995, 491

Falsch ist eine Aussage, wenn der **Aussageinhalt nicht mit dem Aussagegegenstand übereinstimmt**. Umstritten ist,

Streitstand  **worin der eigentliche Aussagegegenstand liegt.**

a) Subjektive Theorie

Teilweise wird der Aussagegegenstand im subjektiven Wissen des Täters gesehen. „Falsch" sei eine Aussage, wenn ein **Widerspruch zwischen Wort und Wissen** des Täters auftritt.

Argument:

- Der Aussagende kann nur verpflichtet sein, dasjenige wiederzugeben, was er aus eigenem Erleben über das Beweisthema weiß (Stichworte: *keine Rechtspflicht zu Unmöglichem – menschliche Erkenntnisgrenzen*).

b) Pflichttheorie

Teilweise wird für richtig gehalten, den Aussagegegenstand in dem **pflichtgemäß erreichbaren Wissen des Täters** zu sehen. „Falsch" sei eine Aussage, wenn sie nicht das Wissen wiedergibt, das der Aussagende bei sorgfältig kritischer Prüfung seines Erinnerungs- und Wahrnehmungsvermögens hätte wiedergeben können.

Argument:

- Im **Ausgangspunkt ist die subjektive Theorie** richtig, denn wiedergeben kann der Aussagende nur, was seine Geistes- und Sinneskräfte zulassen. Mit Blick auf den Schutzzweck der §§ 153ff. StGB ist ihm bei der Reflexion aber lediglich **prozessordnungsgemäßes Verhalten** abzuverlangen (Stichwort: *Gleichlauf materielle / prozessuale Pflichten*).

c) Objektive Theorie

Ganz überwiegend wird vertreten, dass Aussagegegenstand die objektive Sachlage sei. „Falsch" sei jede Aussage, bei der ein **Widerspruch zwischen Wort und Wirklichkeit** auftritt.

- Die staatliche Rechtspflege wird in ihrer Funktionstüchtigkeit durch jede der objektiven Wirklichkeit widersprechende Aussage gefährdet (Stichwort: *Schutzzweck 153ff.*).

- Auch in §§ 164 und 263 StGB wird die Falschheit objektiv beurteilt (Stichwort: *Parallelität 164, 263*).

- Die **subjektive Theorie kann § 160 StGB nicht erklären**, weil es nach ihr eine Verleitung zur unvorsätzlichen Falschaussage nicht geben kann. Überdies **widerspricht sie der Strafrechtsdogmatik**, die zwischen objektivem und subjektivem Tatbestand unterscheidet (Stichwort: *Erklärbarkeit des 160*).

- Die **Pflichttheorie widerspricht auch dem Gesetz**, weil sie „falsche" und „sorgfaltswidrige" Aussagen gleichsetzt, obwohl diese in § 163 StGB geschieden werden (Stichwort: *163*).

Hinweis

Auch nach der herrschenden objektiven Theorie kommt es für die Falschheit der Aussage naturgemäß auf die (subjektive) Erinnerung oder Überzeugung des Täters an, wenn dieser deutlich macht, dass er nur über eine bestimmte Erinnerung oder Überzeugung berichtet (Stichwort: *innere Tatsachen*).

Vertiefungsfundstelle

Küper, Strafrecht BT, Stichwort: „Aussage, Falschheit der"

29 § 159 StGB, wenn Anstiftung bei Gelingen nur zu untauglichem Versuch führen würde

§ 159 StGB erlaubt die Strafbarkeit der versuchten Anstiftung **zu einem Vergehen.** Die Vorschrift ist anwendbar, wenn die Anstiftung nicht erfolgreich gewesen ist. Umstritten ist

 ⇨ **die Tatbestandsmäßigkeit, wenn die Haupttat, zu welcher der Täter anzustiften suchte, objektiv nicht verwirklicht werden konnte.**

Praktische Bedeutung erlangt dieser Fall bei irriger Annahme der in §§ 153, 156 StGB vorausgesetzten Zuständigkeit. Die Problematik ergibt sich in dieser Konstellation aus dem Umstand, dass bei gelungener Anstiftung der Haupttäter straflos wäre, weil die Haupttat nur ein untauglicher (bei § 153 StGB strafloser) Versuch wäre.

a) Irrelevanztheorie

Teilweise wird auch in den Fällen, in denen der Haupttäter straflos wäre, die Strafbarkeit des Teilnehmers nach § 159 StGB **bejaht.**

Argumente:

- § 159 StGB erweitert die Anwendbarkeit von § 30 I StGB, der grundsätzlich **auch für den Fall der Anstiftung zum untauglichen Versuch gilt.**

- Im Interesse **effektiven Schutzes der Rechtspflege** muss jeder Beeinflussungsversuch von Zeugen unterbunden werden, unabhängig davon, ob die spätere Aussage strafbar gewesen wäre.

b) Einschränkungstheorie

Überwiegend wird § 159 StGB im Wege **teleologischer Reduktion** für **unanwendbar** gehalten, wenn die geplante Haupttat, so wie der Angestiftete sie begehen sollte, nur zu einem straflosen untauglichen Versuch des § 153 StGB geführt hätte.

Argument:

- Ein Verhalten, das für den Haupttäter mangels Versuchsstrafbarkeit niemals strafbar sein kann, ist kein geeigneter Anknüpfungspunkt für eine versuchte Anstiftung (Stichwort: *Akzessorietätsgedanke*).

Vertiefungsfundstelle: *Vormbaum*, GA 133 (1986), 353

§ 160 StGB schließt eine Strafbarkeitslücke, denn die §§ 153 – 156 StGB sind eigenhändige Delikte und können nicht in mittelbarer Täterschaft begangen werden. § 160 StGB ist daher als **Auffangtatbestand** anwendbar auf die Verleitung zu einer **unvorsätzlichen, also gutgläubigen, Falschaussage**. Diese Fälle sind nämlich weder als mittelbare Täterschaft strafbar (wegen des eigenhändigen Charakters der Aussagedelikte), noch als Anstiftung (mangels vorsätzlicher Haupttat). Umstritten ist die Rechtslage, wenn

 **Streitstand** ⟹ **die Beweisperson entgegen der Vorstellung des Veranlassers tatsächlich bösgläubig ist.**

a) Versuchslösung

Teilweise wird dieser Fall **als Verleitungsversuch i.S.v. § 160 II StGB** erfasst.

Argument:

- § 160 I StGB ist eine **Sonderregelung der mittelbaren Täterschaft** für Aussagedelikte. Da der Veranlasser objektiv die Herrschaft über das Werkzeug nicht erreicht hat, liegt **strukturell ein untauglicher Versuch** vor.

b) Vollendungslösung

Überwiegend wird eine **vollendete Verleitung i.S.v. § 160 StGB** auch dann angenommen, wenn die Beweisperson entgegen der Vorstellung des Veranlassers bösgläubig ist.

Argumente:

- Mit der objektiv falschen Aussage ist der **Erfolg eingetreten**, der eine Vollendungshaftung des Veranlassers rechtfertigt (Stichwort: *Erfolg*).

- Die Vorsatztat der Aussageperson ist **als Maius** der vom Veranlasser gewollten unvorsätzlichen Tat umfasst. Es handelt sich insofern um eine **unwesentliche Abweichung vom Kausalverlauf**.

Hinweis

Im umgekehrten Irrtumsfall, nämlich einer **entgegen der Annahme des Veranlassers tatsächlich gutgläubigen Beweisperson**, wird überwiegend auf versuchte Anstiftung erkannt (§§ 159, 30 I StGB). Vollendete Anstiftung scheidet mangels Haupttat aus; § 160 StGB wegen des Anstiftervorsatzes.

Unwahre Verdachtsmomente bei tatsächlicher Schuld und § 164 I StGB

Aus dem Tatbestand des § 164 I StGB ergibt sich mittelbar, dass die **Verdächtigung falsch** sein muss, weil sie „wider besseres Wissen" erfolgen muss. Tatbestandsmäßig ist daher die Verdächtigung eines Unschuldigen. Umstritten ist jedoch,

 **Streitstand** ⇨ **ob es für § 164 I StGB genügt, dass die gegen einen Schuldigen geäußerten Verdachtsmomente falsch sind.**

a) Beschuldigungstheorie

Insbesondere die Rechtsprechung bestimmt den Begriff der „Unrichtigkeit einer Verdächtigung" **als „Unwahrheit der Beschuldigung".** Der Tatbestand könne nicht dadurch verwirklicht werden, dass gegen einen tatsächlich Schuldigen unwahre Verdachtsmomente geäußert werden.

Argumente:

- Der Täter von § 164 I StGB muss wider besseres Wissen einen anderen einer rechtswidrigen Tat verdächtigen. Liegt diese rechtswidrige Tat aber in Wirklichkeit vor, fehlt der objektive Tatbestand (Stichwort: *Wortlaut „rechtswidrige Tat"*).

- Der einheitlichen Auslegung beider Absätze von § 164 StGB steht das **Analogieverbot**, Art. 103 II GG, entgegen.

b) Behauptungstheorie

Überwiegend wird eine Verdächtigung schon als falsch erachtet, wenn nur die **mitgeteilte Verdachtsmaterie unrichtig** ist. Ob der Verdächtige in Wahrheit schuldig ist oder nicht, sei irrelevant.

Argumente:

- Bei § 164 II StGB ergibt sich bereits aus dem **Wortlaut** klar, dass es nicht auf die Unschuld des Verdächtigten ankommt. Wegen der Gleichwertigkeit der Tatbestände von Abs. 1 und 2 ist auch eine einheitliche Auslegung geboten (Stichwort: *Parallelauslegung zu 164 II*).

- Der staatliche Ermittlungsapparat wird auch dann unberechtigt in Anspruch genommen, wenn **nach der wirklichen prozessualen Lage hinreichende Verdachtsmomente fehlen, arg. § 152 II StPO.**

- Außerdem ermittelt die Behörde auch nutzlos, wenn sie manipulierten Beweisen nachgeht (Stichwort: *Prüfung falscher Beweise = nutzlos*).

- Der doppelte Schutzzweck von § 164 StGB erfasst nicht nur die Rechtspflege, sondern auch den Beschuldigten: Auch ein tatsächlich Schuldiger hat einen **Anspruch darauf, nicht aufgrund falschen Beweismaterials strafrechtlich belangt zu werden** (Stichwort: *Beschuldigtenschutz*).

Hinweis

Umstritten ist ferner der **Absichtsbegriff** in § 164 I StGB:

- Ganz überwiegend wird er weit verstanden. Erfasst sei nicht nur Absicht als zielgerichtetes Wollen, sondern auch Wissentlichkeit (Stichwort: *dolus directus 2. Grades*). Dafür werden vor allem kriminalpolitische Erwägungen vorgebracht.

- Dagegen wird gefordert, dass der Täter die Herbeiführung eines Verfahrens oder einer Maßnahme wenigstens als Zwischenziel gewollt haben müsse. Dafür spreche der natürliche Wortsinn der „Absicht". § 164 I StGB sei ein erfolgskupiertes Delikt, bei dem der Erfolg nur im subjektiven Tatbestand zur Geltung komme. Es bestehe kein Grund, die Erfolgskupierung noch durch Abschwächung des Absichtselements zu verstärken.

Vertiefungsfundstelle

Schönke/Schröder-*Lenckner-Bosch* (2010), § 164 Rn. 16
Streitstände Kompakt Strafrecht I (Allgemeiner Teil) Nr. 9

Als Verdächtigungshandlung i.R.v. § 164 I StGB anerkannt ist die Äußerung falscher Tatsachen. Umstritten ist,

 ➡ **ob ein Verdächtigen i.S.v. § 164 I StGB auch durch bloße Beweismittelfiktion (Stichwort: *bloße Tatsachenmanipulation*) möglich ist.**

a) Beweislagentheorie

Ganz überwiegend wird vertreten, dass der Verdacht i.R.v. § 164 I StGB auch durch verstecktes Manipulieren von Beweismaterial hervorgerufen werden kann (Stichwort: *isolierte Beweismittelfiktion*).

Argumente:

- § 164 I StGB ist **kein Äußerungsdelikt** (Stichwort: *weiter Wortlaut*).

- Der im Hintergrund agierende Täter ist **sogar gefährlicher** als derjenige, der sich allen Zweifeln des Personalbeweises aussetzt, weil er den **Schein der Objektivität des Sachbeweismittels** ausnutzt. Der **Schutzzweck** von § 164 StGB fordert gerade seine Bestrafung.

b) Tatsachenäußerungstheorie

Teilweise werden **nur Tatsachenbehauptungen** für tatbestandsmäßig gehalten, die isolierte Beweismittelfiktion hingegen nicht.

Argumente:

- Wenn § 164 II StGB von „sonstigen" „Behauptungen" tatsächlicher Art spricht, folgt daraus, dass auch von § 164 I StGB nur Äußerungen erfasst sind (Stichwort: *Wortlaut, Systematik*).

- Ein umfassender Rechtsgüterschutz vor Beweismittelfiktionen wird durch § 145d StGB gewährleistet (Stichwort: *145d als Auffangnorm*). Nur aus kriminalpolitischen Gründen § 164 I StGB weit auszulegen, widerspricht dem **fragmentarischen Charakter des Strafrechts**.

Hinweise

- Wann Verteidigungshandlungen mit **Selbstbegünstigungsabsicht** eines Beschuldigten als Verdächtigen i.S.v. § 164 I StGB aufgefasst werden können, muss differenziert betrachtet werden:

o Das **Schweigen des Beschuldigten** ist straflos (Stichwort: *Wertung aus § 136 I 2 StPO*).

o Das wahrheitswidrige bloße Leugnen des Tatvorwurfs (Stichwort: *„ich war es nicht"*) ebenso, selbst wenn dadurch zwangsläufig der Tatverdacht auf jemand anderes gelenkt wird. Dafür spricht, dass das bloße Leugnen sich vom Schweigen kaum unterscheidet. Nicht anders ist die Rechtslage, wenn durch Leugnen zwangsläufig behauptet wird, ein Zeuge habe falsch ausgesagt.

o Der umstrittene Bereich beginnt, wenn der Beschuldigte über das Leugnen hinaus noch zusätzlich die logischen Folgen seines Leugnens ausspricht (Stichwort: *modifiziertes Leugnen*).

  o Ganz überwiegend wird auch hier § 164 I StGB verneint, denn der sich bereits aus dem straflosen Leugnen ergebende Tatverdacht gegen einen Dritten werde nicht verstärkt, nur weil der Täter die logischen Konsequenzen verbalisiert.

  o Vereinzelt wird in diesem Fall bereits § 164 I StGB für einschlägig gehalten, weil das ausdrückliche Bezichtigen eines Dritten das Verdachtsurteil gegen diesen beeinflusse und die Tatsachengrundlage für die Herbeiführung eines behördlichen Verfahrens erweitere.

o Geht der Beschuldigte über das Leugnen hinaus und verdächtigt durch Vortrag falscher Tatsachen ausdrücklich Dritte, beginnt der Bereich strafbarer Fremdverdächtigung (Stichwort: *Verfälschen der Beweislage*).

• Umstritten ist ferner, ob eine entsprechende Anwendung der §§ 158 und 258 V, VI StGB bei Falschverdächtigungen in Betracht kommt. Das wird hinsichtlich § 158 StGB (**rechtzeitige Berichtigung der Falschverdächtigung**) überwiegend befürwortet, für § 258 V, VI StGB (**selbstbegünstigende Verdachtsbehauptung**) hingegen überwiegend verneint.

Vertiefungsfundstelle

Schneider, NZV 1992, 471

Ganz überwiegend wird der **dreigliedrige Urkundenbegriff** dem Strafrecht zugrunde legt: Urkunden sind

- Verkörperte Gedankenerklärungen (Stichwort: *Perpetuierungsfunktion*),
- die geeignet und bestimmt sind, eine außerhalb ihrer selbst liegende Tatsache zu beweisen (Stichwort: *Beweisfunktion*) und
- ihren Aussteller erkennen lassen (Stichwort: *Garantiefunktion*).

Umstritten ist,

 **Streitstand** ⇨ ob Fotokopien von Urkunden selbst Urkunden i.S. des Strafrechts sind.

a) Theorie von der Originalurkunde

Überwiegend wird vertreten, dass es sich bei Fotokopien, die nach außen als **Reproduktion** des Originals erscheinen, **nicht um Urkunden i.S.d. Strafrechts** handele.

Argumente:

- Die Kopie enthält selbst **keine verkörperte Gedankenerklärung**, sondern **nur ein Abbild**. Es wird lediglich erklärt, dass ein Original vorhanden ist (Stichwort: *keine Perpetuierungsfunktion*).
- Die Kopie ist nicht selbst Träger des Beweisgegenstands und damit **weniger schutzbedürftig** (Stichwort: *keine Beweisfunktion*).
- Fotokopien lassen **keinen Aussteller erkennen**, da unklar ist, wer die Kopie gemacht hat. Insbesondere gibt es keine Vermutung dafür, dass derjenige, der die Kopie gefertigt hat, auch der geistige Urheber der Originalerklärung war (Stichwort: *keine Garantiefunktion*).

b) Weite Urkundentheorie

Teilweise wird Fotokopien grundsätzlich **Urkundenqualität zuerkannt**.

Argumente:

- Fotokopien kommt im Rechtsverkehr inzwischen die gleiche Garantiefunktion zu wie Originalen, weil sie **genauso akzeptiert** sind. Deshalb das Vertrauen in die Echtheit der Fotokopie ebenso schutzwürdig (Stichwort: *Schutzwürdigkeit kraft Akzeptanz*).
- Auch eine Fotokopie lässt den geistigen Urheber der Erklärung als Aussteller erkennen (Stichwort: *geistiger Urheber als erkennbarer Aussteller*).

Hinweise

- Die überwiegende Auffassung gesteht eine **wichtige Ausnahme** ein: Sie bejaht eine Urkunde, wenn die Kopie geeignet ist, mit dem Original **verwechselt** zu werden. Das gleiche soll gelten, wenn die Kopie nach dem **Willen** des Ausstellers an die Stelle des Originals treten soll (Stichworte: *Aufrücken der Kopie zur Urkunde, Gedanke der festgelegten Vertretungsfunktion*).

- **Beglaubigte Kopien** sind wie beglaubigte Abschriften (zusammengesetzte) Urkunden. Ihre Verfälschung wird daher von § 267 StGB erfasst. Daraus wird abgeleitet, dass ein kriminalpolitisches Bedürfnis für die Ausdehnung des Schutzes nach § 267 StGB auf einfache Fotokopien nicht bestehe, denn **niemand müsse einer unbeglaubigten Kopie vertrauen**.

- Zur Fotokopie als technische Aufzeichnung i.S.v. § 268 StGB s.u. Hinweis zu STREITSTAND 37.

- Eine andere Diskussion betrifft die Frage, ob auch **Beweiszeichen** (= Gedankenerklärungen, die nicht durch Schrift, sondern durch Zeichen und Symbole verkörpert werden) Urkunden im strafrechtlichen Sinne seien können.

  o Das wird vereinzelt verneint, weil eine **Abgrenzung zu bloßen Kennzeichen nicht möglich** sei. Immer handele es sich um bloße Augenscheinsobjekte, die nur ihr Dasein und ihre sichtbaren Eigenschaften beweisen würden, ohne eine Erklärung einer Person als Beweis für rechtserhebliche Tatsachen zu enthalten.

  o Dagegen werden Beweiszeichen ganz überwiegend als Urkunde akzeptiert, sofern sie **über die bloße Kennzeichnung des Gegenstands hinaus** eine beweiserhebliche (zeichenhaft verkürzte) Äußerung des Urhebers vermitteln. Bloße Kennzeichen würden sich in der Individualisierung von Gegenständen erschöpfen.

Vertiefungsfundstelle

Freund, JuS 1991, 723

34

Herkömmliches Telefax
als Urkunde i.S.v. §§ 267ff. StGB

F
§ 267
Rn 21

Ob und wann einem Telefax Urkundsqualität zukommt, wird teilweise als ungeklärt bezeichnet. Es muss differenziert werden: Beim **Computerfax** liegt im Ankunftsfax eine *primäre* stoffliche Verkörperung der gefaxten Erklärung. Es handelt sich dabei **nicht** um einen Kopie des Originalschriftstücks. Deshalb liegt eine Urkunde vor, wenn das Ankunftsfax die allgemeinen Merkmale des Urkundsbegriffs erfüllt (Stichwort: *Fernausdruck*). Beim **herkömmlichen Telefax** liegt eine Parallele zur Kopie näher (Stichwort: *Fernkopie*). Die Vertreter des weiten Urkundsbegriffs (s.o. STREITSTAND 33) sehen auch im herkömmlichen Telefax eine Urkunde.

 **Streitstand** ⇨ innerhalb der Theorie von der Originalurkunde ist die Rechtslage hingegen umstritten.

a) Theorie vom Telefax als Urkunde

Teilweise wird dem Telefax unabhängig von den für Urkunden geltenden Grundsätzen **Urkundsqualität** zuerkannt (Stichwort: *Zweitausfertigung*).

Argumente:

- In der Praxis wird ein Telefax regelmäßig **als Original akzeptiert**, unabhängig von dem äußerlich unerkennbaren Umstand, ob sich um ein Computerfax oder herkömmliches Fax handelt (Stichwort: *Schutzbedürftigkeit kraft Akzeptanz*).

- Die Garantiefunktion folgt aus der mitübertragenen **Absendererkennung**, die nicht anders zu bewerten ist **als ein Beglaubigungsvermerk**.

b) Theorie vom Telefax als Fernkopie

Für das herkömmliche Fax gelten nach (noch) überwiegend vertretener Auffassung die gleichen Grundsätze wie für die **als solche erkennbare Fotokopien**. Diese seien grundsätzliche keine Urkunden.

Argumente:

- Der Fernkopie fehlt die Garantiefunktion, weil der Aussteller als Person gerade nicht erkennbar ist, auch nicht aus der (beliebigen) Kennung des Absenderfaxes (Stichwort: *keine Garantiefunktion*).

- Die Absenderkennung macht das Telefax vielmehr als Kopie deutlich erkennbar. Es fehlt damit auch an der Schutzbedürftigkeit (Stichwort: *keine Schutzbedürftigkeit*).

<table>
<tr><td>**35**</td><td>**Verfälschen durch den
Aussteller und § 267 I, Fall 2 StGB**</td><td>F
§ 267
Rn 34</td></tr>
</table>

In den Fällen, wo der Aussteller einer Urkunde **selbst nachträglich Inhaltsänderungen vornimmt**, obwohl sein Abänderungsrecht bereits erloschen ist, stellt sich die umstrittene Frage,

 ⇨ **ob der Aussteller an seiner eigenen Urkunde eine Urkundenverfälschung begehen kann.**

a) Ablehnende Theorie

Teilweise wird vertreten, dass der Aussteller einer Urkunde selbst **kein tauglicher Täter** des § 267 I, Fall 2 StGB sei. Erklärungstäuschungen ohne Identitätstäuschung würden nicht von § 267 I StGB erfasst.

Argumente:

- § 267 StGB schützt kein Vertrauen in die Wahrheit von Ausstellererklärungen, sondern **nur die Echtheit von Urkunden.** Deshalb ist eine Identitätstäuschung über die Person des Ausstellers erforderlich (Stichwort: *nur Identitätstäuschungen*).

- Das **Integritätsinteresse** an einer Urkunde wird nicht von § 267 StGB, sondern von § 274 StGB geschützt. Der Schutz vor Ausstellerfälschungen ist auch ausreichend (Stichwort: *274 reicht*).

a) Theorie der Ausstellerfälschung

Überwiegend ist man der Auffassung, dass **auch der Aussteller selbst** eine Urkunde verfälschen könne, sobald er die Dispositionsbefugnis über die Urkunde zugunsten fremder Beweisführungsrechte verloren hat. Mit dem Verlust der Verfügungsbefugnis stehe er dem Dokument gegenüber wie ein beliebiger Dritter.

Argumente:

- „Verfälschen" (§ 267 I, Fall 2 StGB) hat einen über die bloße Unechtheit der Urkunde hinausgehenden Sinn, weil andernfalls diese Alternative als bloßer Unterfall des Herstellens (§ 267 I, Fall 1 StGB) **überflüssig wäre** (Stichwort: *eigenständiger Anwendungsbereich*).

- In § 267 I, **Fall 3** StGB **unterscheidet** das Gesetz ausdrücklich zwischen „unecht" und „verfälscht". Auch daraus folgt, dass beide Varianten einen selbständigen Anwendungsbereich haben müssen (Stichwort: *267 I, Fall 3*).

- Das **spezifische Unrecht** des Verfälschens geht über die bloße Beeinträchtigung der Urkunde i.S.v. § 274 I Nr. 1 StGB hinaus, denn es wird der Anschein erweckt, dass die nachträgliche Erklärung mit der ursprünglichen identisch sei (Stichworte: *Manipulation, Täuschungsqualität*). Deshalb ist die Pönalisierung allein durch § 274 StGB unzureichend.

Hinweise

Aussteller einer Urkunde ist, wer **rechtlich als ihr geistiger Urheber** betrachtet wird:

- Geht aus der Erklärung derjenige als Aussteller hervor, der die Urkunde auch körperlich hergestellt hat, ist die Urkunde grundsätzlich echt.

  o Die **Zurechnung** der Erklärung zum Garanten scheidet jedoch aus, wenn er ohne aktuelles Erklärungsbewusstsein handelt. So ist das Abnötigen einer Urkunde **unter *vis absoluta*** als Urkundenfälschung in mittelbarer Täterschaft, § 267 I, Fall 1, 25 I, Fall 2 StGB strafbar. Gleiches gilt, wenn der Erklärende **gar nicht weiß**, dass er eine Erklärung abgibt: unechte Urkunde.

  o Solange keine *vis absoluta* vorliegt, werden unter **Zwang und Drohung** abgegebene Erklärungen zugerechnet. In diesen Fällen liegen keine unechten Urkunden vor, denn auch wer die Urkunde nach § 123 I BGB wegen widerrechtlicher Drohung anfechten kann, ist an den Erklärungsinhalt zunächst von Rechts wegen gebunden und hat deswegen eine echte Urkunde errichtet. Das gleiche gilt bei Täuschungen über den Inhalt der Erklärung.

- Die körperliche Fertigung von Urkunden **durch einen Dritten** (Stichwort: *Zeichnung mit fremdem Namen*) kann dem Erklärungsgaranten zugerechnet werden, wenn der Dritte von ihm ermächtigt war. **Vertretung** ist aber **rechtlich unzulässig**, wenn eigenhändige Ausfertigung oder Unterzeichnung der Urkunde gesetzlich vorgeschrieben ist (*Achtung*: Wer **fremde Prüfungsleistungen** sich zu Eigen macht, indem er eine fremde Leistung mit dem eigenen Namen versieht, ist gleichzeitig scheinbarer und wirklicher Aussteller: Die Urkunde entsteht erst mit Anbringung von Namen oder Platzziffer – **nur schriftliche Lüge**. Urkundenfälschung aber, wenn der Kandidat einen **fremden** [also **nicht seinen eigenen**] Namenszug – ganz gleich, ob mit oder ohne Einverständnis des Dritten – anbringt.).

Vertiefungsfundstelle

Otto, JuS 1987, 761

Eine unechte oder gefälschte Urkunde wird gebraucht, wenn sie dem Adressaten der beabsichtigten Täuschung so zugänglich gemacht wird, dass dieser die unbehinderte Möglichkeit erhält, vom Urkundeninhalt **durch sinnlich Wahrnehmung** Kenntnis zu erlangen. Wenn man Fotokopien nicht als Urkunden anerkennt, ergibt sich die umstrittene Frage,

 **Streitstand** ⇨ **ob das Vorlageobjekt die Urkunde selbst sein muss, oder ob eine Fotokopie hinreicht.**

a) Theorie der auch mittelbaren Wahrnehmung

Namentlich die Rechtsprechung nimmt **auch dann** ein Gebrauchen der Urkunde an, wenn der Täter nur eine Fotokopie vorlegt und dadurch die bloß **mittelbare Wahrnehmung** des Urkundeninhalts ermöglicht, sofern das Ausgangsmaterial der Kopie selbst eine Urkunde ist.

Argument:

- Bereits die Fotokopie ist in der Lage, dem Betrachter die sinnliche Wahrnehmung des verkörperten Gedankeninhalts zu ermöglichen (Stichwort: *Inhalt zählt*).

b) Theorie der unmittelbaren Wahrnehmung

Überwiegend wird vertreten, dass eine Urkunde **erst dann** gebraucht wird, wenn sie selbst der unmittelbaren sinnlichen Wahrnehmung des Adressaten zugänglich gemacht.

Argumente:

- Durch Vorlage einer Kopie wird nicht die Urkunde wahrgenommen, sondern **nur deren Abbild**. Damit wird auch nur das Abbild gebraucht. In ihrer Echtheit geschützt ist aber nur die Urkunde selbst, nur sie selbst soll eine verlässliche Grundlage für rechtserhebliche Entscheidungen bilden (Stichwort: *Unmittelbarkeit nötig weil Echtheitsschutz nur Urkunde selbst*).
- Die Rechtsprechung führt zu **Zufallsstrafbarkeiten**, je nachdem, ob die Kopiervorlage selbst Urkunde war oder nicht.

Vertiefungsfundstelle

Otto, JuS 1987, 761 (769f.).

Darstellungen i.S.v. § 268 II StGB sind **bedeutungshaltige Informationen**. Sie haben wie Urkunden **Perpetuierungsfunktion**. Umstritten ist,

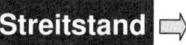 **Streitstand** ⇨ **welche Anforderungen an die dauerhafte Verkörperung der Informationen zu stellen sind.**

Das wird insbesondere bei sich fortlaufend ändernden Messwerten von Kilometerzählern, Wasseruhren, Gas- und Stromzählern relevant.

a) Abtrennungstheorie

Überwiegend wird gefordert, dass für die dauerhafte Verkörperung der Darstellung i.S.v. § 268 StGB die Information durch das Gerät fixiert werden und von diesem abtrennbar sein müsse (Stichwort: **Verselbständigung**). Die bloße Anzeige von Messwerten des Geräts genüge nicht.

Argumente:

- Wie bei Urkunden auch ist für technische Aufzeichnungen deren stoffliche Fixierung unentbehrlich (Stichwort: **Parallelität 267 – 268**).

- Ohne Perpetuierung sind Messwerte **weniger schutzwürdig**. Das verbleibende Strafbarkeitsbedürfnis wird durch § 263 StGB und Spezialgesetze wie § 22b StVG abgedeckt (Stichwort: **22b StVG als Spezialgesetz**).

b) Durchschrittenheitstheorie

Teilweise wird **auch bei laufenden Zählwerken** eine ausreichend dauerhafte Verkörperung der Information gesehen.

Argument:

- Zwar sind die einzelnen Messwerte flüchtig, aber dauerhaft verkörpert wird die Information, dass jeder zurückliegende Messwert zuvor erreicht und durchschritten wurde (Stichwort: **Information = „Durchschrittenheit" des Messwerts**). Jeder zurückliegende Messwert ist damit aber auch **als durchschritten dauerhaft verkörpert**.

Hinweis

Umstritten ist auch, ob **Fotokopien** technische Aufzeichnungen sind. Ganz überwiegend: Nein, weil Darstellung **nicht selbsttätig durch das Gerät** bewirkt wurde. Selbsttätige Aufzeichnung setzt voraus, dass Informationen durch das Gerät **erzeugt** werden (Stichwort: **268 zum Schutz der Informationsgewinnung**).

38   **Reichweite des „Bewirkens"**   F
§ 271
i.S.v. § 271 StGB   Rn 16

§ 271 StGB stellt als mittelbare Falschbeurkundung die vorsätzliche Beteiligung am nur objektiven Tatbestand des § 348 StGB (Falschbeurkundung im Amt) unter Strafe.

 ⇨ **Umstritten ist die Auslegung der Tathandlung „bewirken", namentlich, ob dafür die Urkundsperson gutgläubig sein muss.**

a) Gutgläubigkeitstheorie

Teilweise wird ein „Bewirken" nur angenommen, wenn bei der verursachten unrichtigen Beurkundung oder Datenspeicherung der **Amtsträger gutgläubig** war. Die Gutgläubigkeit der Urkundsperson sei **ungeschriebenes objektives Tatbestandsmerkmal** von § 271 StGB.

Argumente:

- § 271 StGB hat nur eine **ergänzende Funktion**: Der *Extraneus* (Nichtamtsträger) kann das echte Sonderdelikt aus § 348 StGB nicht verwirklichen, weil ihm die vorausgesetzte Täterqualität fehlt. Insoweit ermöglicht § 271 StGB eine „mittelbare Falschbeurkundung im Amt". Diese ist aber nur gegeben, wenn der Amtsträger selbst gutgläubig handelt.

- Die Beschränkung von § 271 StGB auf die mittelbare Herbeiführung des Taterfolgs kommt auch klar in der Normüberschrift (*„Mittelbare" Falschbeurkundung*) zum Ausdruck (Stichwort: **Normüberschrift**).

- Für eine weite Auslegung des „Bewirkens" besteht kein Bedürfnis, da der Versuch nach 271 IV StGB strafbar ist (Stichwort: **Versuchsstrafbarkeit**).

b) Weite Verursachungstheorie

Ganz überwiegend wird angenommen, „bewirken" erfasse **jede Verursachung** der unrichtigen Beurkundung oder Datenspeicherung durch den zuständigen Amtsträger.

Argumente:

- Der Wortlaut „bewirken" erfasst jede Form der Verursachung der Falschbeurkundung (Stichwort: **weiter Wortlaut**).

- § 271 StGB ist **nicht nur Auffangtatbestand** für Fälle mittelbarer Täterschaft zu § 348 StGB, sondern erfasst **alle Fälle**, die nicht als Anstiftung oder mittelbare Täterschaft zur Falschbeurkundung im Amt erfassbar sind.

§ 271 StGB ist also Grundtatbestand, der allein im Fall täterschaftlicher Begehung durch einen Amtsträger von § 348 StGB verdrängt wird.

Hinweise

- In der Fallbearbeitung ist § 271 StGB immer erst nach § 348 StGB zu erörtern.

- Ganz überwiegend werden folgende Fälle von § 271 StGB als erfasst gesehen:

  o **Gutgläubiger Amtsträger**

  o **Täter hält Amtsträger irrig für gutgläubig**: §§ 348, 26 StGB entfallen, weil der Täter sich einen unvorsätzlich handelnden Amtsträger vorstellt (→ Anstiftervorsatz fehlt). Das vorhandene Bewusstsein der mittelbaren Täterschaft in Anstiftervorsatz umzudeuten (Stichwort: *Plus-Minus-Theorie*) ist hier entgegen allgemeinen Regeln nicht möglich, weil nach dem Verhältnis der Strafrahmen von § 271 StGB und § 348 StGB die „mittelbare Täterschaft" das Minus zur Anstiftung ist und nicht umgekehrt.

  o **Täter hält Amtsträger irrig für bösgläubig**: §§ 348, 26 entfallen mangels vorsätzlicher Haupttat des Amtsträgers.

- In seiner Struktur gleicht § 271 StGB dem § 160 StGB. Auch dort wird das „Verleiten" sehr weit verstanden als jede Beeinflussung des Willens. Die Vorschrift wird nur bei gutgläubigen Aussagepersonen relevant, weil die Teilnahme an einem Aussagedelikt (der bösgläubigen Aussageperson) einem höheren Strafmaß unterliegt als § 160 StGB. So liegt es auch bei § 271 StGB.

- Die in § 271 StGB angesprochenen **öffentlichen Urkunden** sind solche gemäß § 415 I ZPO. Zu beachten ist, dass der strafrechtliche Schutz sich nicht auf diese Urkunden insgesamt erstreckt, sondern nur auf die falschen Beurkundungen, auf die sich der öffentliche Glaube der Urkunden bezieht (Stichwort: *erhöhte Beweiskraft gegenüber jedermann*).

Vertiefungsfundstelle

Otto, Grundkurs Strafrecht: Die einzelnen Delikte (2002), § 70 Rn. 11ff.

§ 146 I Nr. 3 StGB setzt voraus, dass der Täter einen Tatbestand aus § 146 I Nr. 1 oder 2 StGB vollständig verwirklicht hat. In Verkehr gebracht ist Falschgeld, wenn ein anderer tatsächlich in die Lage versetzt wird, sich seiner zu bedienen und nach Belieben damit umzugehen. Strafbar ist nach § 146 I Nr. 3 StGB aber nur ein Inverkehrbringen **als echt**. Es ist umstritten, ob

 ⇨ die Weitergabe von Falschgeld an Eingeweihte erfasst wird, obwohl der Täter dabei nicht vorspiegelt, dass es sich um echtes Geld handelt.

a) Einbeziehungstheorie

Überwiegend wird der Begriff des „Inverkehrbringens als echt" so ausgelegt, dass **auch dessen Ermöglichung** miteinbezogen wird. Die Weitergabe an Eingeweihte, die beabsichtigen, das Geld als vermeintlich echt in den Verkehr einzuschleusen, sei damit auch strafbar.

Argumente:

- In §§ 146 I **Nr. 1 und 2** StGB sind „Inverkehrbringen" und deren „Ermöglichung" **ausdrücklich gleichgestellt**. Dass dies in §§ 146 I Nr. 3, 147 I StGB nicht erfolgte, ist ein **Redaktionsversehen**.

- Sachlich gibt es keinen Grund, zwar im Bereich der **Rechtsgutsgefährdung** (§§ 146 I Nr. 1 und 2 StGB) beim Bezugsobjekt der Absicht die **Gleichstellung zu akzeptieren**, sie aber für die Verwirklichung der Absicht, also im Bereich der Verletzung des Rechtsguts (§§ 146 I Nr. 3, 147 StGB), wieder auszuschließen.

- Vom **Wortlaut** des § 146 I Nr. 3 StGB ist die Ermöglichungsvariante **noch erfasst**, denn von einem Inverkehrbringen als echt kann noch gesprochen werden, wenn dies **über einen Mittelsmann** geschehen soll.

b) Strenge Theorie

Nach der verbreiteten Gegenmeinung ist eine erweiternde Auslegung der §§ 146 I Nr. 3, 147 StGB **nicht möglich**.

Argument:

Der **eindeutige Wortlaut** der Vorschriften verbietet im Hinblick auf das Gesetzlichkeitsprinzip und **Analogieverbot aus Art. 103 II GG** das Vorgehen der überwiegenden Auffassung.

§ 306a I StGB ist ein abstraktes Lebensgefährdungsdelikt. Es kommt grundsätzlich nicht darauf an, ob im Einzelfall tatsächlich eine konkrete Gefährdung von Leben eingetreten ist. Umstritten ist,

 **Streitstand** ⟹ **ob § 306a I StGB nicht in Ausnahmefällen teleologisch reduziert werden muss.**

a) Theorie der teleologischen Korrektur

Teilweise wird eine teleologische Reduktion des Tatbestands i.S. restriktiver Tatbestandsauslegung **befürwortet**. Voraussetzung sei, dass eine Gefährdung von Menschenleben auf Grund der tatsächlich gegebenen Umstände ausgeschlossen war und sich der Täter durch zuverlässige lückenlose Maßnahmen davon überzeugt hat. Dies sei nach der Rechtsprechung überhaupt nur bei kleineren, überschaubaren Tatobjekten möglich.

Argumente:

- Die hohe Mindeststrafe und das Schuldprinzip erfordern eine teleologische Reduktion des Tatbestandes, wenn d. Täter jede Gefahr für Menschen eindeutig ausgeschlossen hatte (*weder Erfolgs- noch Handlungsunrecht*).

- § 306a I StGB muss **mit der Sachbeschädigung harmonisiert** werden: Der Täter hätte auch die Hütte eines Obdachlosen komplett demontieren können, ohne eines Verbrechens schuldig zu sein.

b) Strenge abstrakte Gefährdungstheorie

Teilweise wird eine teleologische Korrektur von § 306a I StGB **abgelehnt**.

Argumente:

- Schon die Annahme, dass § 306a I StGB nur die Gefährdung von Menschen pönalisiere, findet keine Stütze im Gesetz: Vielmehr gilt die Vorschrift auch dem **Schutz wichtiger Räumlichkeiten** einschließlich der darin enthaltenen ideellen Werte (Stichwort: *weiter Schutzzweck*).

- Dem **Sinn der abstrakten Gefährdungsdelikte** entspricht nur die dogmatisch konsequente Ablehnung von Restriktionen aus teleologischen Gründen. Ihre Notwendigkeit besteht angesichts von § 306a III StGB nicht mehr (Stichwort: *Strafmilderungsmöglichkeit 306a III*).

Vertiefungsfundstelle: *Geppert*, Jura 1998, 597 (601 f.)

§ 306b II StGB ist eine Qualifikation der schweren Brandstiftung gemäß § 306a StGB. Der qualifizierende Umstand besteht in der Absicht des Täters, durch die Brandstiftung eine andere Straftat zu ermöglichen oder zu verdecken. Es ist umstritten,

 **Streitstand**   **ob der vom Täter intendierte Verdeckungs- oder Ermöglichungserfolg mit der besonderen Brandsituation in einem spezifischen Zusammenhang stehen muss.**

Ein solcher Zusammenhang besteht jedenfalls, wenn der Täter etwa den **Brand als Tötungsmittel** ausnutzen will. Anders liegt es jedoch, wenn der Täter den Brand **zum Versicherungsbetrug** ausnutzen will.

a) Weite Einbeziehungstheorie

Die Rechtsprechung bezieht auch den Betrug gegenüber der Versicherung als andere Straftat mit ein und **sieht** von einem spezifischen Zusammenhang zur besonderen Brandsituation **ab**.

Argumente:

- § 306b II Nr. 2 StGB ist auszulegen **wie die wortgleichen §§ 211 II, 315 III Nr. 1 b StGB** (Stichwort: *wie bei Mord*).

- Dem Schuldprinzip ist auch Rechnung getragen, denn der **gesteigerte Unwert** liegt bereits in der Bereitschaft, **Unrecht mit weiterem Unrecht zu verknüpfen** (Stichwort: *Unrechtsverknüpfung als Qualifikationsgrund*).

- Der Wortlaut von § 306b II Nr. 2 StGB gebietet **keine Ausnahmen**. Die Neufassung des Tatbestands hat sogar das „Ausnutzen zur Begehung" i.S.v. § 307 Nr. 2 StGB a.F. wegfallen lassen.

b) Spezifische Ausnutzungstheorie

Teilweise wird der Tatbestand nur bejaht, wenn **die spezifische Gemeingefahr der Brandstiftung ausgenutzt** werden sollte.

Argumente:

- Die in § 306b II Nr. 2 StGB mit hoher Strafe bedrohte Verwerflichkeit besteht gerade in der **Skrupellosigkeit**, zur Begehung oder Verdeckung einer anderen Tat ein **gemeingefährliches** Verbrechen wie schwere Brandstiftung zu begehen. Wer Versicherungsbetrug begehen will, nutzt die Gemeingefahr gar nicht aus (Stichwort: *Verknüpfung gerade mit Gemeingefahr*).

- Einen Sonderfall von § 265 StGB mit einem Mindeststrafmaß von 5 Jahren zu belegen, wenn dabei die Gesundheit eines anderen gefährdet wird, steht völlig **außer Verhältnis zum Unrechtsgehalt der Tat**. Eine Zerstörung des Objekts auf andere Weise zieht selbst bei vorsätzlicher Todesgefährdung eines anderen eine Mindeststrafe von 5 Tagessätzen Geldstrafe nach sich: §§ 265, 40 I StGB (Stichwort: *ungerechtfertigte Strafrahmenexplosion*).

- Den Fällen des § 306b StGB liegt durchweg eine Erhöhung des **Gefährdungsunwerts** zu Grunde. **Systematisch unstimmig** ist es daher, bei § 306b II Nr. 2 StGB an das erhöhte **Gesinnungsunrecht** anzuknüpfen.

Hinweise

- Spezifische Auswirkungen der Gemeingefahr sind etwa Verwirrung, Panik, Flucht und Unübersichtlichkeit der Situation.

- Umstritten ist ferner, ob § 306b I StGB ein **Erfolgsdelikt (§ 15 StGB) oder eine Erfolgsqualifikation (§ 18 StGB)** ist.

  o Teilweise ist man der Auffassung, § 306b I StGB sei ein unselbständiger Qualifikationstatbestand zu §§ 306, 306a StGB, so dass Vorsatz hinsichtlich der schweren Gesundheitsschädigung gefordert wird.

  o Überwiegend wird § 306b I StGB als Erfolgsqualifikation verstanden. Gemäß § 18 StGB ist dann hinsichtlich der schweren Folge wenigstens Fahrlässigkeit zu fordern. Dafür spricht die Formulierung „verursacht" in § 306b I StGB, die eher auf § 18 StGB als auf § 15 StGB hindeutet. Sie findet sich auch in §§ 178, 226 II und 251 StGB, bei denen kein Vorsatzerfordernis besteht.

Vertiefungsfundstelle

Hecker, GA 146 (1999), 332

§ 306d StGB dehnt die Strafbarkeit nach §§ 306, 306a StGB auf fahrlässige Begehungsweisen aus. Dabei entstehen **Ungereimtheiten**: Wer vorsätzlich fremde Objekte in Brand setzt (§ 306 I StGB), wird mit Freiheitsstrafe zwischen einem und zehn Jahren bestraft. Wer **zusätzlich** fremde Gesundheit fahrlässig gefährdet – also **mehr** Unrecht verwirklicht – muss nur mit Freiheitsstrafe bis zu fünf Jahren rechnen, § 306d I, Fall 3 StGB. Umstritten ist,

 **Streitstand** ⇨ **wie dieser Wertungswiderspruch aufzulösen ist.**

Zur Beantwortung dieser Frage muss das Verhältnis zwischen § 306a II StGB zum Sachbeschädigungsdelikt § 306 I StGB geklärt werden.

a) Tatbestandseinschränkung bei § 306a II StGB

Teilweise wird empfohlen, § 306a II StGB und damit auch § 306d I, Fall 3 StGB im Wege **teleologischer Reduktion** auf Brandstiftung **an eigenen und herrenlosen Sachen zu beschränken**. Dann wäre § 306d I, Fall 3 StGB beim Inbrandsetzen fremder Objekte gar nicht einschlägig.

Argumente:

* § 306a II StGB knüpft an § 308 I Alt. 2 StGB a.F. an, der nur nicht fremde Tatobjekte erfasste (Stichwort: *alte Fassung*).

* §§ 306a II, 306d I, Fall 3 StGB **fehlt das Sachbeschädigungsunrecht**, das von §§ 306 I, 306f I, Fall 1 StGB erfasst wird. Deshalb sind fremde Sachen von §§ 306a II, 306d I, Fall 3 StGB nicht erfasst. Daraus erklärt sich die geringere Strafe (Stichwort: *kein Sachbeschädigungsunrecht*).

b) Konkurrenzlösung

Überwiegend – auch von der Rechtsprechung – wird angenommen, dass im Fall des § 306d I, Fall 3 StGB die fahrlässige Gesundheitsgefährdung **tateinheitlich** neben die vorsätzliche Brandstiftung trete. § 306a II StGB sei **keine Qualifikation zu § 306 StGB**, so dass auch der Strafrahmen des § 306d I StGB nicht den des § 306 StGB verdrängen könne.

Argumente:

* § 306a II StGB schützt ausschließlich die Gesundheit anderer Menschen, während § 306 StGB allein fremdes Eigentum schützt (Stichwort: *unterschiedliche Schutzrichtung*). Deshalb besteht zwischen den Delikten **kein**

Spezialitätsverhältnis. § 306a II StGB ist vielmehr als eigenständiger Grundtatbestand einer „Gesundheitsgefährdung durch Brandstiftung" zu verstehen. Er (und somit auch die Fahrlässigkeitsvariante § 306d I, Fall 3 StGB) **kann § 306 StGB nicht verdrängen.**

- Die **Gegenauffassung** führt ihrerseits zu **widersprüchlichen** Ergebnissen: Bei vorsätzlicher Brandstiftung an fremden Sachen und vorsätzlicher Gesundheitsgefährdung wäre nur der Strafrahmen aus § 306 I StGB anzuwenden; sind **bloß eigene oder herrenlose Sachen** betroffen, käme hingegen der **strengere** § 306a II StGB zum Zuge.

Hinweis

Das fahrlässige Inbrandsetzen fremder Sachen wird nach § 306d I, Fall 1 StGB strenger sanktioniert als bei Hinzutreten einer Gesundheitsgefährdung, § 306d II StGB. Damit ist auch das Verhältnis der beiden Absätze von § 306d StGB missglückt.

Vertiefungsfundstellen

Immel, StV 2001, 477
Fischer, StGB (2011), § 306a Rn. 10b f. und § 306d Rn. 6

| **43** | **Unvorsätzliches Entfernen vom Unfallort und § 142 II Nr. 2 StGB** | F § 142 Rn 51f |

Wenn der Täter sich unvorsätzlich vom Unfallort entfernt, scheidet seine Strafbarkeit nach § 142 I Nr. 1 StGB wegen § 16 I 1 StGB aus. Umstritten ist, ob

 ⇨ **bei nachträglicher Kenntnis vom Unfall ein „unentschuldigtes" Entfernen i.S.v. § 142 II Nr. 2 StGB angenommen werden kann.**

a) Gleichstellungstheorie

Früher setzte der BGH unvorsätzliches dem entschuldigten Entfernen gleich. Den Täter treffe die Nachholpflicht aus § 142 II Nr. 2 StGB, solange noch ein räumlich und zeitlich enger Zusammenhang mit dem Unfall bestehe.

Argumente:

- Der Wortlaut der Norm steht nicht entgegen, da nach **früherem Deliktsaufbau** der Vorsatz zur Schuld gezählt wurde. Auch in der **Alltagssprache** ist ein weites Verständnis gebräuchlich: „Er kann nichts dafür" meint, dass den Täter wegen seines Tatbestandsirrtums kein persönlicher Vorwurf trifft (Stichworte: *frühere Dogmatik und Alltagssprache*).

- Mit Blick auf die **schutzwürdigen Feststellungsinteressen** des geschädigten Unfallopfers besteht die Verpflichtung des Täters, Feststellungen unverzüglich nachträglich zu ermöglichen (Stichwort: *Zweck Beweissicherung*).

b) Gleichstellungsablehnende Theorie

Überwiegend wird „unvorsätzlich" **nicht auch als „unentschuldigt"** verstanden. Eine Nachholpflicht gemäß § 142 II Nr. 2 StGB bestehe daher nicht.

Argumente:

- Der mögliche Wortsinn der Norm wird durch Gleichsetzung von „unvorsätzlich" mit „entschuldigt" überschritten. Der Vorsatz ist Element des Tatbestands und nicht der Schuld (Stichwort: *Analogieverbot*). Das BVerfG hat die entgegenstehende Rechtsprechung für verfassungswidrig erklärt.

- Bei berechtigtem und unentschuldigtem Entfernen hat den Täter der Normappell des § 142 I StGB aufgrund seiner Kenntnis vom Unfall immerhin erreicht (Stichwort: *Normappell*). Darin liegt auch die Rechtfertigung für die Nachholpflicht. Sie **fehlt** beim sich unvorsätzlich Entfernenden.

- Gesetzeskorrekturen aus Billigkeitsgründen sind dem Gesetzgeber vorbehalten (Stichwort: *Gewaltenteilung*).

Hinweise

- Teilweise treten die früheren Verfechter der Gleichstellungstheorie nunmehr für eine Strafbarkeit ein, wenn der Unfallbeteiligte noch **innerhalb eines räumlichen und zeitlichen Zusammenhangs mit dem Unfallgeschehen** vom Unfall erfährt. Dann sei das Entfernen in Kenntnis des Unfalls vollendet. Ein solcher Zusammenhang wird teilweise noch angenommen, wenn der Beteiligte bereits fünf bis zehn Minuten weitergefahren ist.

- Wird der Unfallbeteiligte im Zustand der Bewusstlosigkeit oder durch vis absoluta vom Unfallort entfernt (Stichwort: *Entferntwerden*), scheidet eine Strafbarkeit nach § 142 I StGB **mangels Handlung** aus. Ob in diesem Fall eine nachträgliche strafbewehrte Feststellungspflicht i.S.v. § 142 II StGB entsteht, ist umstritten.

  o Dafür lassen sich die Beweisinteressen der Opfer anführen und der Umstand, dass § 142 II StGB als Auffangnorm gerade die Fälle fehlender Strafbarkeit nach Absatz 1 erfassen soll.

  o Dagegen spricht aber der Wortlaut von § 142 II StGB: Im Entferntwerden liegt gerade kein eigenständiges berechtigtes oder entschuldigtes Sichentfernen.

- Ähnlich umstritten sind **Irrtumskonstellationen**:

  o Nimmt der Unfallbeteiligte **irrig rechtfertigende Umstände an** und entfernt sich so vom Unfallort, führt dieser Erlaubnistatbestandsirrtum zum Ausschluss der Strafbarkeit nach § 142 I StGB. Anders als beim Tatbestandsirrtum hat sich der Täter aber immerhin bewusst vom Unfallort entfernt; insbesondere erreichte ihn der Normappell des § 142 I StGB. Deshalb ist das Meinungsspektrum hier in Richtung Strafbarkeit nach § 142 II StGB verschoben.

  o Umstritten ist ferner, ob die irrige Annahme von Umständen, die das Sichentfernen des Unfallbeteiligten entschuldigen, die Nachholpflicht aus § 142 II StGB begründen. Der **Irrtum hinsichtlich entschuldigender Umstände** führt nur bei Unvermeidbarkeit zum Strafbarkeitsausschluss nach § 142 I StGB und kann auch nur in diesem Fall zu strafbewehrten Pflichten aus § 142 II StGB führen.

Vertiefungsfundstelle

BVerfG, 2 BvR 2273/06 vom 19.3.2007, NJW 2007, 1666

Rausch i.S.v. § 323a I StGB bei „dreifachem Zweifel"

§ 323a I StGB setzt voraus, dass sich der Täter in einen Rausch versetzt. Dieser liegt jedenfalls vor, wenn sich der Täter im Zustand des § 21 StGB befindet.

 Umstritten ist, ob das Merkmal des Rausches i.S.v. § 323a I StGB unabhängig von der Schuldfähigkeitsfrage ausgelegt werden kann.

Diese Frage stellt sich vor allem, wenn nicht geklärt werden kann, ob der Täter schuldunfähig, vermindert schuldfähig oder uneingeschränkt schuldfähig war.

a) Theorie vom Mindestschweregrad

Im Schrifttum ist man überwiegend der Auffassung, dass ein Rausch erst bei einem **Mindestschweregrad alkoholbedingter Intoxikation** vorliege, der erst im Zustand verminderter Schuldfähigkeit **i.S.v. § 21 StGB beginne.** Gelinge der Nachweis verminderter Schuldfähigkeit nicht, müsse in dubio pro reo freigesprochen werden.

Argument:

- Ein Unterschreiten der Mindestgrenze von § 21 StGB würde in den Tatbestand auch ungefährliches und möglicherweise vorwurfsfreies Verhalten einbeziehen (Stichwort: *sichere Konturierung des Tatbestands*).

b) Eigenständigkeitstheorie

Teilweise wird vertreten, dass anders als bei der Rauschtat § 21 StGB bei der Bestimmung des Rausches **keine Rolle** spiele.

Argumente:

- Das Gesetz **unterscheidet** zwischen Rausch und Rauschtat. Nur auf die Rausch**tat** bezieht sich die Schuldunfähigkeit (Stichwort: *Wortlaut*). Der Rausch ist gerade unabhängig von Schuldfaktoren i.S.v. §§ 20, 21 StGB (Stichwort: *Rausch ist unrechtsneutral*).

- Nach Sinn und Zweck von § 323a StGB sollen gerade die Fälle erfasst werden, die sich hinsichtlich der Schuldfähigkeitsfrage nicht aufklären lassen (Stichwort: *Irrelevanz prozessrechtlicher Zweifel*). Deshalb genügt jeder Zustand akuter Intoxikation.

Vertiefungsfundstelle

Forster/Rengier, NJW 1986, 2869

Wegnahme i.S.v. § 242 I StGB ist Bruch fremden und Begründung neuen, nicht notwendig tätereigenen, Gewahrsams. Es kommt daher maßgeblich auf die Gewahrsamsverhältnisse an.

Streitstand  ⇨   **Der Begriff des Gewahrsams ist theoretisch umstritten.**

a) Theorie vom faktischen Gewahrsamsbegriff

Traditionell wird Gewahrsam als **tatsächliches Herrschaftsverhältnis** einer Person über eine Sache gekennzeichnet, das von einem Herrschaftswillen getragen ist. Für die Beurteilung komme es auf die **Verkehrsanschauung** an.

Argument:

- Der Gewahrsamsbegriff muss von seinem **begrifflichen Kern** her entwickelt werden. Deshalb kommt es primär auf die faktische Möglichkeit der Einwirkung auf die Sache an. Die Anschauung des täglichen Lebens wirkt nur modifizierend (Stichwort: *faktische = tatsächliche Sachherrschaft*).

b) Soziale Rechtfertigungslehre des Gewahrsams

Teilweise wird Gewahrsam nicht mehr als tatsächliche Sachherrschaft verstanden, sondern als **sozial-normative Zuordnung** der Sache zu einer Person. Maßgeblich sei die allgemeine soziale Anschauung.

Argumente:

- Eine sozial-normativ gesicherte Übereinkunft der Zuordnung von Sachen besteht: Solange der Zugriff auf die Sache sozial auffällig und rechtfertigungsbedürftig ist, fehlt Gewahrsam (Stichwort: *Rechtfertigungsgedanke*). Er liegt vor, wenn ein Zugriff der Person **sozial unauffällig und selbstverständlich** erscheint.

- Die faktische und durch die Verkehrsanschauung modifizierte Sicht **entwertet den Kern des Gewahrsams zum bloßen Korrektiv**. Dadurch entsteht Rechtsunsicherheit, da mit Fiktionen gearbeitet wird, die von keinem tatbegleitenden Vorsatz mehr sicher erfassbar sind. (Stichwort: *Rechtssicherheit*).

Hinweise

Vom praktischen Ergebnis her unterscheiden sich diese Ansichten (meistens) nicht. Die nähere Präzisierung der Verkehrsanschauung bzw. der sozialen Zuordnung bereitet aber in **Grenzbereichen des Gewahrsams** Schwierigkeiten:

- **Gewahrsamsenklaven:** An sperrigen und schwer beweglichen Sachen, die sich innerhalb fremder Herrschaftsbereiche (Stichwort: *Selbstbedienungs-läden*) befinden, begründet der Täter erst neuen Gewahrsam, wenn er sie aus dem fremden Herrschaftsbereich herausschafft. Ein Gewahrsamswechsel vollzieht sich jedoch bereits **innerhalb** fremder räumlicher Herrschaftsbereiche an **Sachen geringen Umfangs und leichter Beweglichkeit,** indem der Täter sie in seine Kleidung/ein transportables Behältnis steckt oder sie unauffällig wie seine eigene Sache fortträgt.

- Ob diese Grundsätze unmodifiziert gelten, wenn der Täter von eingriffsbereiten Dritten (Stichwort: *Kaufhausdetektiv*) **beobachtet** wird, ist umstritten.

    o Ganz überwiegend wird darauf hingewiesen, dass die Gewahrsamsenklave unabhängig davon bestehe, ob der Täter beobachtet wird oder nicht. Gerade die **Körpersphäre sei ein Tabubereich,** der nach der Verkehrsanschauung wie nach der sozialen Zuordnung fortbestehenden Gewahrsam Dritter ausschließe.

    o Dagegen richtet sich der Hinweis, dass, jedenfalls, wenn der gestellte Dieb sofort zur Herausgabe der Sache bereit ist, weder ein tatsächliches Herrschaftsverhältnis begründet wurde noch die Sache bereits dem Täter sozial-normativ zugeordnet sei. Mit dieser Begründung wird vollendeter Diebstahl verneint. Zu diesem Ergebnis kommt die überwiegende Auffassung nur in dem Ausnahmefall, dass der Täter infolge der Beobachtung **nicht die geringste Möglichkeit** hatte, mit der Beute zu entkommen. Dies wird nur sehr selten angenommen.

- Überwiegend wird in Abhängigkeitsverhältnissen **gestufter Mitgewahrsam** anerkannt. Dann kann der Untergeordnete den Gewahrsam des Übergeordneten brechen, nicht aber umgekehrt. Diese Konstruktion wird teilweise abgelehnt mit dem Hinweis, der Untergeordnete habe **gar keinen** Gewahrsam an der Sache. Im Ergebnis gibt es daher keinen Unterschied.

Vertiefungsfundstelle

Ling, ZStW 110 (1998), 919

Das Verbergen von Waren im Einkaufskorb führt noch nicht zum Gewahrsamswechsel. Jedoch hat ein Täter, der den Kassenbereich des Selbstbedienungsladens erfolgreich passiert, Gewahrsam an den Sachen im Einkaufswagen erlangt. Umstritten ist, ob

 **Streitstand** ⇨ ein tatbestandsausschließendes Einverständnis **der Kassiererin hinsichtlich der Sachen in Betracht kommt, die sie gar nicht bemerkt hatte.**

a) Theorie vom generellen Übertragungswillen

Teilweise wird bereits ein Einverständnis in den Gewahrsamswechsel befürwortet, wenn ein *genereller Wille zur Gewahrsamsübertragung* an Sachen vorliegt. Das wäre beim Abfertigen an der Kasse der Fall.

Argumente:

- Die Kassiererin hat die Aufgabe, die Waren im Einkaufswagen des Kunden zu kontrollieren und abzurechnen. Damit korrespondiert der Umfang der Erlaubnis, den Kassenbereich zu passieren: Erfasst wird der *gesamte Inhalt* des Wagens (Stichwort: *Korrespondenz von Kontrollpflicht und Erlaubnis*).

- Das tatbestandsausschließende Einverständnis ist auch *dann wirksam, wenn es erschlichen* wurde (Stichwort: *natürlicher Wille*).

b) Theorie vom konkreten Gewahrsamsaufgabewillen

Überwiegend hält man für richtig, dass ein Einverständnis in den Gewahrsamsübergang nur dort möglich ist, wo der Berechtigte den Willen hatte, den Gewahrsam *am konkreten Gegenstand* aufzugeben.

Argumente:

- Die Annahme eines generellen Verfügungswillens des Verkaufspersonals ist eine Fiktion (Stichwort: *Fiktion*).

- Ein wirksames Einverständnis setzt voraus, dass der alte Gewahrsamsinhaber (oder, wie hier: ein berechtigter Dritter) *nicht über Anzahl und Identität der verlorengehenden Sachen irrt*. Wer nichts von der fraglichen Sache weiß, verfügt nicht irrtumsbedingt, sondern gar nicht (Stichwort: *ohne Kenntnis keine Verfügung → kein Betrug, sondern Diebstahl*).

Hinweise

- Beim Einverständnis in den Gewahrsamswechsel kommt es grundsätzlich auf den **natürlichen Willen** an. Es ist daher faktischer, und nicht rechtsgeschäftlicher Natur, so dass **Willensmängel grundsätzlich unbeachtlich** sind. Tritt neben die Täuschung eine Drohung in Motivkonkurrenz liegt auch noch ein Einverständnis vor. Erst wenn das Opfer keine Möglichkeit mehr sieht, den Gewahrsamsverlust abzuwenden, ist das Einverständnis mangels Freiwilligkeit unwirksam. Zur Abgrenzung zum Betrug s.u. STREITSTAND 27.

- Bei **automatisierten Gewahrsamsübertragungen** liegt ein modifiziertes Einverständnis vor. Es ist nur wirksam, wenn die mit ihm verknüpften Bedingungen erfüllt werden. Insbesondere müssen die **äußeren Umstände** der Gewahrsamsverschiebung mit dem vom Inhaber gewollten Erscheinungsbild übereinstimmen (Stichwort: *äußerlich ordnungsgemäß*). Diebstahl liegt daher vor, wenn der Täter den **Warenautomaten** mit **Falschgeld** oder Fremdwährungen bedient oder den Ausgabemechanismus mit Drähten beeinflusst. Selbst wenn der Täter einen mit Tesafilm versehenen Geldschein nachträglich wieder aus dem Automaten herauszieht, liegt Diebstahl vor.

Vertiefungsfundstelle

Hillenkamp, JuS 1997, 217

Der Dieb muss in der Absicht handeln, sich die Sache rechtswidrig zuzueignen. Schon aus dem Wortlaut des § 242 I StGB folgt, dass als Bezugsobjekt der Zueignungsabsicht jedenfalls die stoffliche Substanz der Sache selbst in Betracht kommt (Stichwort: **Substanztheorie**). Entwendet der Täter Wertträger, um sie wirtschaftlich für sich zu nutzen und danach an den Eigentümer zurückgelangen zu lassen, bleibt die stoffliche Substanz der Sache aber unverändert, obwohl sie wirtschaftlich entwertet ist. Dass diese Fälle als Diebstahl strafbar sind, ist anerkannt. Teilweise wird versucht, an der Substanztheorie in erweiterter Fassung festzuhalten, indem als Zueignungsobjekt die Sache einschließlich der ihr objektiv innewohnenden **Funktions**möglichkeiten definiert wird (Stichwort: **erweiterte Substanztheorie**). Überwiegend findet sich jedoch sogar das Zugeständnis, dass auch ein unmittelbar in der Sache selbst **verkörperter Sachwert** Gegenstand der Zueignungsabsicht sein kann. Dafür spricht, dass Sachsubstanz und Sachwert Teilaspekte einer Sache sind und deshalb als Zueignungsobjekt in Betracht kommen.

 ➪ **Umstritten sind die Grenzen der Sachwerttheorie, also ob auch ein** *sonstiger Wert* **der Sache als entziehbarer Sachwert möglich ist.**

a) Theorie vom lucrum ex re

Überwiegend wird als Zueignungsobjekt nur der **in der Sache selbst verkörperte Sachwert** anerkannt, nicht jedoch der unter Verwendung der Sache zu erzielende Gewinn.

Argumente:

- Für § 242 I StGB genügt nicht die Absicht des Täters, reicher werden zu wollen (Stichwort: **kein Bereicherungsdelikt**).

- Es muss ihm vielmehr **um die Sache selbst** gehen (Stichwort: **Zueignungsdelikt**). Um dieses Charakteristikum des Diebstahls nicht aufzuweichen, ist der Sachwertbegriff **restriktiv** zu handhaben. Zueignungsobjekt kann neben der stofflichen Substanz daher nur ein besonderer, der Sache **spezifisch** innewohnender Wert sein (Stichwort: **spezifischer Sachwert = der nach Art und Funktion in der Sache selbst verkörperte Wert**).

b) Theorie vom lucrum ex negotio cum re

Teilweise wird als Zueignungsobjekt auch der **unter Verwendung der Sache zu erzielende** Wert verstanden.

- Zueignen kann man sich eine Sache ihrem wirtschaftlichen Wert nach auch dadurch, dass man **bei ihrer Verwendung** einen Nutzen oder Vorteil erlangt (Stichwort: *Veräußerungswert*).

Hinweise

- Kern des Sachwerts ist der **Gebrauchswert**. Wenn Gebrauch in Verbrauch umschlägt, liegt Sachwertzueignung vor. Für die Beurteilung der Zueignungsabsicht kommt es auf den Zeitpunkt der Wegnahme an.

- Umstritten ist, ob auch der **Neuwert** einer zum Verkauf bestimmten Sache als funktionsspezifischer Sachwert in Betracht kommt. Dafür spricht, dass die Neuwertigkeit im Wirtschaftsverkehr eine erhebliche Rolle spielt, dagegen, dass etwa bei Büchern heutzutage der Versand „zur Ansicht" durchaus üblich ist.

- Die **Abgrenzung zwischen Diebstahl und Gebrauchsanmaßung** richtet sich nach dem Enteignungsvorsatz. Dabei kommt es auf den **Rückgabewillen** des Täters im Zeitpunkt der Wegnahme an. Fehlt er, liegt Enteignungsvorsatz vor. Aber selbst wenn der Täter rückgabewillig ist, kann die Gebrauchsentziehung durch Zeitablauf in Enteignung umschlagen. Das wird überwiegend angenommen, wenn der geplante Gebrauch eine solche Dauer erreichen soll, dass ein objektiver Betrachter den Verlust der Sache für den Eigentümer als endgültig ansehen und eine Ersatzbeschaffung für unvermeidbar halten muss.

- Die überwiegende Auffassung gesteht eine Ausnahme von ihrem restriktiven Sachwertverständnis bei der Beurteilung der sogenannten **Rückveräußerungsfälle** ein: Verkauft der Täter die gestohlene Sache an den Eigentümer zurück (und leugnet er dabei dessen Eigentümerstellung), soll der allgemeine Verkaufswert als spezifischer Sachwert anzunehmen sein, wenn für den Eigentümer die Funktion der Sache gerade in ihrem Verkauf liegt.

Vertiefungsfundstelle

Schönke/Schröder-*Eser-Bosch* (2010), § 242 Rn. 48 ff.

§ 243 I 2 Nr. 2 StGB betrifft den Diebstahl von Sachen, die durch ein verschlossenes Behältnis oder eine sonstige Schutzvorrichtung besonders gegen Wegnahme gesichert sind. Umstritten ist, ob das Regelbeispiel auch dann erfüllt ist, wenn

 **Streitstand** ⇨ der Täter die Wegnahmesicherung nicht überwindet, sondern das Behältnis mitentwendet.

a) Überwindungstheorie

Teilweise ist man der Auffassung, § 243 I 2 Nr. 2 StGB setze voraus, dass der Täter die Wegnahme der Sache dadurch realisiert, dass er das verschlossene Behältnis **am Tatort überwindet**.

Argumente:

• Wenn der Täter den Verschluss nicht überwindet, fehlt ihm die für § 243 I 2 Nr. 2 StGB **typische höhere deliktische Energie.**

• Der Verschluss i.S.v. § 243 I 2 Nr. 2 StGB hat **nicht die Funktion, die Gesamtsache** gegen Wegnahme besonders zu sichern, sondern **nur** die **eingeschlossene** Sache. Deshalb erfordert das Regelbeispiel, dass die Sache durch Überwindung der Sicherung weggenommen wird (Stichwort: *Schutz der eingeschlossenen Sache*).

b) Mitnahmetheorie

Weit überwiegend wird vertreten, dass das Regelbeispiel auch dann erfüllt sei, wenn das **verschlossene Behältnis ungeöffnet mitgenommen** wird.

Argumente:

• Nach dem klaren Wortlaut von § 243 I 2 Nr. 2 StGB muss die besondere Wegnahmesicherung nur vorhanden sein, nicht aber überwunden werden (Stichwort: *Wortlaut → Vorhandensein*).

• Wenn der Täter den Ort der Überwindung des Verschlusses verlegt, zeigt er eher **zusätzliche verbrecherische Energie** als weniger.

Hinweise

- Das verschlossene Behältnis wird vom Gesetz als **Beispiel einer Schutzvorrichtung** besonders hervorgehoben. Es muss alle Voraussetzungen der speziellen Sachsicherung erfüllen. In dieser Hinsicht wird das Regelbeispiel bei **kleinen Behältnissen** teilweise verneint. Es fehle am Wegnahmehindernis, wenn sich das Behältnis mühelos mitsamt Inhalt fortschaffen lasse. Dagegen wird vorgetragen, dass es weder auf die Art des Behältnisses noch auf die Art des Verschlusses ankomme. Erforderlich sei nur eine besondere Sicherung vor Wegnahme der Sache, nicht des Behältnisses.

- Umstritten ist das Regelbeispiel auch in dem Fall, dass der Täter **berechtigten Besitz** an dem zur Öffnung des Verschlusses bestimmten **Schlüssel** hat. Überwiegend wird dann eine besondere Verschlusssicherung abgelehnt (Stichwort: *relativer Begriff der Schutzvorrichtung*). Der BGH hat jüngst entschieden, der Täter stehle auch dann eine durch ein verschlossenes Behältnis besonders gesicherte Sache, wenn er als Unberechtigter den ordnungsgemäß dafür vorgesehenen Schlüssel verwendet.

- Bei **elektromagnetischen Sicherungsetiketten** an Waren wird ganz überwiegend § 243 I 2 Nr. 2 StGB abgelehnt. Sie seien keine Schutzvorrichtungen *gegen die Wegnahme*, sondern erleichtern dem Berechtigten die **Wiedererlangung** bereits weggenommener Sachen. Zu denken ist jedoch an einen unbenannten besonders schweren Fall gemäß § 243 I 1 StGB.

Vertiefungsfundstelle

BGH, Beschluss v. 8.5.2010 – 2 StR 385/10 – NJW 2010, 3175

Nach § 243 II StGB scheidet ein besonders schwerer Fall aus, wenn sich die Tat auf eine geringwertige Sache bezieht. „Beziehen" bedeutet, dass das Tatobjekt **objektiv geringwertig** und auch der **Vorsatz** auf die Wegnahme einer geringwertigen Sache gerichtet gewesen sein muss (Stichwort: *„doppelte Geringwertigkeit"*). Umstritten ist die Anwendung von § 243 II StGB, wenn

 **Streitstand** ⇨ **der Täter ursprünglich eine nur geringwertige Sache wegnehmen wollte und deshalb ein Regelbeispiel verwirklicht, sich aber später ohne Aufgabe seines Diebstahlswillens entschließt, eine hochwertige Sache mitzunehmen** (Stichwort: *Vorsatzerweiterung nach Versuchsbeginn*).

a) Einheitsbetrachtung

Ganz überwiegend wird bei einem Vorsatzwechsel das Prinzip der einheitlichen Tatbeurteilung angewandt, so dass die erforderliche **Beziehung** der Tat auf eine geringwertige Sache fehlt. **§ 243 II StGB sei nicht einschlägig.**

Argumente:

- Bei fortbestehendem Diebstahlswillen liegt eine **einheitliche Tat** vor. Sie bezog sich *weder objektiv* auf eine geringwertige Sache, da der Täter eine hochwertige mitgenommen hat, *noch subjektiv*, da dies vorsätzlich geschah.

- Hätte der Täter **gar nichts** mitgenommen, läge **jedenfalls** ein versuchter Diebstahl in einem **besonders schweren Fall** vor. Der Umstand, dass er etwas entwendet hat, kann seine Tat nicht in einen einfachen Diebstahl umwandeln (Stichwort: **Konsistenzvergleich mit Versuch**).

- Dem Charakter des § 243 II StGB als Strafzumessungsregel entspricht es, neben **Erfolgsunrecht** der Tat auch **Handlungsunrecht** und Schuld zu berücksichtigen. Dann ist es sachgerecht, für den Ausschluss eines besonders schweren Falls nach § 243 II StGB zu fordern, dass **sowohl objektiv** eine geringwertige Sache weggenommen wird **als auch**, dass bei Verwirklichung des Regelbeispiels ein **entsprechender Vorsatz** vorlag.

b) Trennungslösung

Teilweise wird vertreten, § 243 II StGB sei trotz nachträglicher Vorsatzerweiterung **anzuwenden** mit der Folge, dass **nur aus dem Regelstrafrahmen** bestraft werde.

- Der später entwickelte Vorsatz zur Wegnahme einer hochwertigen Sache kann nicht auf den Zeitpunkt der Verwirklichung des Regelbeispiels zurückbezogen werden (Stichwort: *kein Rückbezug des Vorsatzes*). Andernfalls würde man einen **bloßen dolus subsequens** ausreichen lassen.

Hinweise

- Die gleiche Diskussion ergibt sich im umgekehrten Fall: Will der Täter im Zeitpunkt der Verwirklichung des Regelbeispiels ein hochwertiges Objekt stehlen, während er sich tatsächlich auf die Wegnahme einer geringwertigen Sache beschränkt, scheidet nach ganz überwiegender Auffassung § 243 II StGB aus. Der Täter könne **den einmal verwirklichten erschwerenden Umstand nicht nachträglich wieder rückwirkend beseitigen**.

- Anerkannt ist, dass eine zwischenzeitliche vollständige Aufgabe des Diebstahlsvorsatzes zu einer **Zäsur** im Gesamtgeschehen führt. Dann sind die Teilabschnitte einzeln zu bewerten.

- Umstritten ist, ob § 243 II StGB trotz geringen Verkehrswerts der Beute anwendbar ist, wenn das Opfer an dieser ein **hohes Affektionsinteresse** hat.

  o Dafür wird auf die Nrn. 4 und 5 des § 243 I 2 StGB verwiesen. An ihnen werde deutlich, dass ein Affektionsinteresse des Verletzten für die Einschätzung der Geringwertigkeit zu berücksichtigen sei.

  o Dagegen wird mit einem Umkehrschluss argumentiert: Der Gesetzgeber habe § 243 I 2 Nr. 7 StGB von der Geringwertigkeitsklausel ausgenommen, weil nur für diesen Fall die rein ökonomische Perspektive nicht passe. Für die Nrn. 1 – 6 sei an ihr deshalb festzuhalten.

- Ganz überwiegend anerkannt wird, dass § 243 II StGB keine Anwendung findet, wenn es an einem **Verkehrswert völlig fehlt**, weil die Sache nicht zum Verkauf bestimmt ist (etwa Dokumente und Akten). Nur selten will man in diesen Fällen auf den hypothetischen Marktwert abstellen. Dagegen spricht, dass diese Hypothese notwendig Spekulation bleiben muss.

- Trotz des eindeutigen Wortlauts von § 243 II StGB, der sich nur auf die benannten Fälle nach § 243 I 2 Nrn. 1 – 6 StGB bezieht, wird überwiegend befürwortet, die **Bagatellklausel auch auf unbenannte besonders schwere Fälle** nach § 243 I 1 StGB anzuwenden. Das sei sachgemäß und im Wege einer Analogie zu erreichen. § 243 II StGB sei redaktionell missglückt, da nur ein Bezug auf § 243 I 2 Nr. 7 ausgeschlossen werden sollte. Auf § 244 StGB ist § 243 II StGB nach h.M. jedoch unanwendbar.

50	**Schreckschussrevolver als Waffe i.S.v. §§ 244 I Nr. 1a, 250 I Nr. 1a StGB**	F § 244 Rn 3ff

Waffen i.S.d. §§ 244 I Nr. 1a, 250 I Nr. 1a StGB sind **Waffen im technischen Sinn**. Sie müssen **funktionstüchtig und einsatzbereit** sein oder wenigstens am Tatort jederzeit einsatzbereit gemacht werden können. Nach bisher ständiger Rechtsprechung war die geladene Schreckschusspistole im Gegensatz zur Gaspistole **keine Waffe** in diesem Sinne, weil es ihr an der beim strafrechtlichen Waffenbegriff vorausgesetzten **abstrakten** Gefährlichkeit fehlt. Nach einer neueren Entscheidung des Großen Senats für Strafsachen ist jedoch

 **Streitstand** ⇨ umstritten geworden, wie Schreckschusspistolen in das Gefüge von Waffe und anderem gefährlichen Werkzeug einzuordnen sind.

a) Waffentheorie

Der Große Senat für Strafsachen des BGH hat entschieden, dass (geladene) Schreckschussrevolver **strafrechtlich als Waffen** im technischen Sinne zu behandeln seien.

Argumente:

- Geladene Schreckschusspistolen sind nach ihrer Beschaffenheit geeignet, **erhebliche Verletzungen hervorzurufen** und müssen aus rechtsmedizinischer Sicht genauso behandelt werden scharfe Waffen (Stichwort: *Gefährlichkeit*). Die Unterschiede zur Gefährlichkeit einer geladenen Gaswaffe sind nicht so groß, dass sie eine abweichende strafrechtliche Beurteilung rechtfertigen (Stichwort: *Vergleich mit Gaswaffe*).

- In der **Neufassung des Waffengesetzes** vom 1.4.2003 setzt der Gesetzgeber Schreckschusspistolen mit Gaspistolen als Waffen im technischen Sinne gleich. Daran hat auch das Strafrecht anzuknüpfen (Stichwort: *Harmonisierung mit Neufassung WaffenG*).

- Auch bei Messern ist die Entfernung zwischen Täter und Opfer kein maßgebliches Kriterium; das kann bei Schreckschusspistolen nicht anders sein.

b) Theorie vom gefährlichen Werkzeug bei Nahschüssen

Nach früherer Rechtsprechung und nach wie vor vertretener Auffassung im Schrifttum ist der Schreckschussrevolver **keine Waffe**, sondern allenfalls ein „**anderes gefährliches Werkzeug**", wenn sich der Täter dem Opfer **drohend so weit nähert**, dass bei Verwirklichung der Drohung eine konkrete Gefahr gravierender Verletzungen besteht (Stichwort: *Nahschuss*).

- Schreckschusspistolen sind nicht abstrakt gefährlich, sondern nur bei **relativen** (Schussdistanz wenige Zentimeter) oder **absoluten** (Laufmündung auf Körperoberfläche aufgesetzt) Nahschüssen. Die Gefährlichkeit entsteht nur durch austretende Explosionsgase und Munitionspartikel (Stichwort: *keine abstrakte Gefährlichkeit*).

- Für den strafrechtlichen Waffenbegriff ist die abstrakte Gefährlichkeit maßgeblich. Dass die Verletzungsgefahren durch Schreckschusspistolen erst durch bestimmungswidrige Verwendung durch den Täter entstehen, kann eine Neufassung des Waffengesetzes jedoch nicht ändern (Stichwort: *Irrelevanz der Neufassung des WaffenG*).

Hinweis

Die Rechtsprechung sieht in der **Gaspistole** eine (technische) Waffe i.S.d. §§ 244 I, 250 I StGB, wenn sie den Gasaustritt **durch den Lauf nach vorn** ermöglicht. Daran wird kritisiert, dass nach dem 6. Strafrechtsreformgesetz der Begriff „Schusswaffe" durch „Waffe" ersetzt wurde und es deshalb nicht darauf ankommen könne, in welcher Weise und Richtung das Gas austritt.

Vertiefungsfundstellen

BGH (GSSt) NStZ 2003, 606
Fischer, NStZ 2003, 569

51	**Gefährliches Werkzeug i.S.d.** **§§ 244 I Nr. 1a, 250 I Nr. 1a StGB**	F § 244 Rn 6ff

Der Begriff des gefährlichen Werkzeugs i.S.v. §§ 244 I Nr. 1a, 250 I Nr. 1a StGB sollte nach Vorstellung des Gesetzgebers entsprechend den zu § 224 I Nr. 2 StGB entwickelten Grundsätzen ausgelegt werden. Dort ist ein gefährliches Werkzeug ein Gegenstand, der in der **konkreten Art seiner Benutzung** im Einzelfall geeignet ist, erhebliche Verletzungen herbeizuführen. In §§ 244 I Nr. 1a, 250 I Nr. 1a StGB ist aber gerade **nicht** vorausgesetzt, dass der Täter das gefährliche Werkzeug tatsächlich **benutzt.** Vielmehr genügt das bloße Beisichführen ohne Gebrauchswillen. Vor diesem Hintergrund

Streitstand  **ist die genaue Konturierung des gefährlichen Werkzeugs sehr umstritten („Rechtschaos").**

a) Objektive Theorien

Teilweise wird auf die **objektiv-generelle Gefährlichkeit** des Gegenstandes abgestellt. Diese sei bei **typischer Verletzungseignung** gegeben, jedoch bei Objekten zu verneinen, die erst nach Zweckentfremdung zu Gewalttätigkeiten eingesetzt werden können oder deren Beisichführen sozialtypisch sei. Teilweise wird auf die Waffenersatzfunktion des eben „anderen" gefährlichen Werkzeugs abgestellt (Stichwort: *gesetzlicher Auslegungshinweis*).

Argumente:

- Die von der subjektiven Zweckbestimmung geprägte Definition des gefährlichen Werkzeugs aus **§ 224 I Nr. 2 StGB passt nicht** bei Diebstahl und Raub, da ein Gebrauchswille als Tatbestandsmerkmal in §§ 244 I Nr. 1a, 250 I Nr. 1a StGB gerade fehlt.

- Das Kriterium der Verwendungsabsicht **widerspricht Wortlaut und Systematik des Gesetzes**, da der Gesetzgeber bei §§ 244 I Nr. 1a, 250 I Nr. 1a StGB im Gegensatz zu den Nr. 1b gerade auf die Gebrauchsabsicht verzichtet hat (Stichwort: *Gebrauchswille nur bei Nr. 1b*).

c) Subjektive Theorie

Teilweise wird für richtig gehalten, dass ein gefährliches Werkzeug zwar objektiv geeignet sein muss, erhebliche Verletzungen herbeizuführen. Darüber hinaus sei aber auch Voraussetzung, dass der Täter es notfalls auch dazu *einsetzen will* (Stichwort: *Verwendungsvorbehalt*).

- Eine **sachgerechte Abgrenzung** kann nur erreicht werden, wenn man den Verwendungsvorbehalt des Täters mit in Bezug nimmt. Auf eine vom Täterwillen unabhängige Bestimmung der objektiven oder allgemeinen Gefährlichkeit kann es nicht ankommen, da bei genereller Eignung und Zweckbestimmung zur Verletzung von Menschen bereits das Merkmal „Waffe" erfüllt wäre (Stichwort: *„Abstand" zur Waffe*).

- Der **Intention des Gesetzgebers**, auf 224 I Nr. 2 StGB zurückzugreifen, wird das zusätzliche Erfordernis der Verwendungsabsicht am besten gerecht: Es **modifiziert lediglich den konkret gefährlichen Werkzeugeinsatz** aus § 224 I Nr. 2 StGB mit Blick auf den Umstand, dass eine tatsächliche Verwendung zur Verletzung in §§ 244 I Nr. 1a, 250 I Nr. 1a StGB nicht vorausgesetzt ist (Stichwort: *Nähe zu 224 I Nr. 2*).

- Der Einwand, das Erfordernis der Verwendungsabsicht bei Nr. 1a widerspreche der Gesetzessystematik, weil ein finales Element gerade nur in Nr. 1b vorausgesetzt werde, trägt nicht: Bei Nr. 1a geht es um die Absicht zur Verwendung in körperlich **gefährlicher** Weise, bei Nr. 1b nur um die Absicht zur Verwendung in körperlich **ungefährlicher** Weise (Stichwort: *Differenzierung der Absichten von Nr. 1a und Nr. 1b*).

Hinweise

- Die subjektiven Ausfassungen sind uneinig, ob eine „Verwendungsabsicht" oder – weniger – ein Verwendungsvorbehalt erforderlich ist. Der Verwendungsvorbehalt setzt jedenfalls nicht notwendig voraus, dass der Täter den Gegenstand notfalls zur körperlichen Verletzung oder Gefährdung benutzen will. Vielmehr ist ausreichend **auch die Absicht, ihn als Mittel der Drohung** einzusetzen, wenn nur das angekündigte Übel seinerseits gefährlich ist.

- Die Rechtsprechung ist uneinheitlich: Der 2. Strafsenat des BGH hat einen verborgen mitgeführten **Schraubenzieher** als gefährliches Werkzeug qualifiziert. Der 4. Strafsenat beim BGH stellte beim Mitführen einer **Schere** hingegen auf die konkrete Art der Verwendung ab (F § 244 Rn. 9b). Falls der Schwerpunkt der Klausur nicht eindeutig in der genauen Herausarbeitung der Meinungsvielfalt liegt, empfiehlt sich ein pragmatisches Vorgehen, das maßgeblich das Spannungsfeld zwischen den Nrn. 1a und 1b einerseits, und zu § 224 Abs. 1 Nr. 2 StGB andererseits herausarbeitet.

Vertiefungsfundstelle

Küper, JZ 1999, 187

Zum Begriff der Bande sind zwei Fragen umstritten, nämlich ob

 **Streitstand** ⟹ **die Mindestgröße einer Bande bei** *2 oder 3 Per-sonen* **liegt u.** *welche zusätzlichen Anforderungen* **an die Existenz einer Bande zu stellen sind.**

a) Dyadentheorie

Nach traditioneller Auffassung reicht eine Verbindung von mindestens *zwei Personen* für die Bande aus. Einschränkend sei dann aber erforderlich, dass entweder ein *gefestigter Bandenwille* der Tat zugrunde liege oder der Täter im *übergeordneten Bandeninteresse* tätig werde.

Argumente:

- Auch sonst knüpft das Gesetz die besondere Gefährlichkeit einer Perso-nenvereinigung an die Mindestzahl zwei, etwa in §§ 224 I Nr. 4, 231 StGB (Stichwort: *typische Mindestanzahl zwei: 224 I Nr. 4, 231*).

- Eine dreigliedrige Verbindung ist *nicht zwingend gefährlicher* als ein Zwei-Personen-Verhältnis. Der innere Zusammenhalt einer Dyade kann sogar fester sein (Stichwort: *Gefährlichkeit*).

- Von bloß mittäterschaftlicher Zusammenarbeit hebt sich die Bande gerade durch ein *übergeordnetes Bandeninteresse* ab.

b) 3-Personen-Theorie

Die neuere Rechtsprechung (BGHSt [GS, 22.3.2001] 46, 321) und überwiegen-de Auffassung fordert einen bandenmäßigen Zusammenschluss von mindes-tens *drei Personen*. Ein gefestigter Bandenwille oder ein Tätigwerden im übergeordneten Bandeninteresse sei *nicht* erforderlich.

Argumente:

- Um die Bande vom Regelfall der Mittäterschaft (zwei Personen) **deutlich abzugrenzen**, ergibt sich die Mindestanzahl von drei Bandenmitgliedern.

- Die besondere Gefährlichkeit der Bande beruht auf **Gruppendynamik und Korpsgeist** einer mehrgliedrigen Vereinigung, deren Existenz *nicht vom Ausscheiden eines einzelnen Mitglieds* abhängt.

Die bisherigen einschränkenden Merkmale wie „gefestigter Bandenwille" oder „ü-bergeordnetes Bandeninteresse" sind *unklar* und ergeben sich nicht aus dem Wortlaut. Das *Drei-Personen-Kriterium* ist *rechtssicherer*.

Die Bandenqualifikationen in §§ 244 I Nr. 2, 244a I und 250 I Nr. 2 StGB setzen nicht nur voraus, dass der Täter als Mitglied einer Bande handelt; hinzukommen muss eine bandespezifische Ausführung „unter Mitwirkung eines anderen Bandenmitglieds".

 ⇨ **Die Auslegung der Mitwirkungs-erfordernisses ist umstritten.**

a) Theorie vom notwendigen Täterschaftsmerkmal

Nach früherer Rechtsprechung ist das Mitwirkungserfordernis als räumlich-zeitliches Zusammenwirken am Tatort zu verstehen. Danach müssen mindestens zwei Bandenmitglieder **aktiv am Tatort präsent** sein. Als Täter komme nur das Bandenmitglied in Betracht, das persönlich am Tatort anwesend ist (Stichwort: **personengebundenes und eigenhändiges Tatbestandsmerkmal**).

Argumente:

* Die besondere Gefährlichkeit des Bandendelikts mit Mitwirkungserfordernis ergibt sich aus der Aktionsgefahr vor Ort, die über die bloße Organisationsgefahr hinausgeht (Stichwort: **Aktionsgefahr vor Ort**).

* Täter kann nur derjenige sein, dessen eigene Aktionsgefährlichkeit sich durch Mitwirkung am Tatort manifestiert hat (Stichwort: **Sonderregelung der Täterschaft**).

b) Theorie vom extensiven Mitwirkungsbegriff

Für die Mitwirkung genügt nach neuester Rechtsprechung eine **beliebige Tatbeteiligung** von mindestens zwei Bandenmitgliedern, solange mindestens einer als Täter qualifiziert werden kann. Sie können auch außerhalb des Tatorts zusammenwirken (Stichwort: **Tatortanwesenheit irrelevant**). Der unmittelbar Ausführende müsse nicht Bandenmitglied sein.

Argumente:

* Mitwirkungsdelikte werden **nicht** dadurch wesensmäßig gekennzeichnet, dass die Abwehrkraft des Opfers durch Konfrontation mit mehreren Bandenmitgliedern vor Ort reduziert wird (Stichwort: **Effizienzsteigerung durch Tatortanwesenheit unwesentlich**).

- Die für Banden typische Gefährlichkeit ergibt sich aus einer *vertikalen Arbeitsteilung* durch Zusammenarbeit bei Planung, Vorbereitung und tatbegleitende Maßnahmen. Die dadurch begründete Aktionsgefahr der Bande macht eine horizontale Arbeitsteilung vor Ort entbehrlich (Stichwort: *funktionale Arbeitsteilung statt Ortspräsenz*).

c) Zurechnungslösung

In der Literatur wird überwiegend vermittelnd vertreten, dass die bandenmäßige Mitwirkung am Tatort ein allgemeinen Zurechnungsregeln unterworfenes tatbezogenes Qualifikationsmerkmal sei. Bei *mindestens zwei am Tatort zusammenwirkenden Bandenmitgliedern* könne das „Mitwirkungsmerkmal" den übrigen Beteiligten bei Vorliegen der entsprechenden Voraussetzungen von Mittäterschaft oder Teilnahme *zugerechnet werden*.

Argumente:

- Bei der bandenmäßigen Mitwirkung handelt es sich um ein tatbezogenes Qualifikationsmerkmal, weil es die **besondere Gefährlichkeit der Deliktsausführung** durch zwei Bandemitglieder vor Ort beschreibt (Stichwort: *Tatbezogenheit*).

- Die gesetzliche Unterscheidung zwischen Bandendelikten mit Mitwirkungserfordernis (z.B. § 244 I Nr. 2 StGB) und ohne (z.B. § 263 V StGB) darf nicht eingeebnet werden. Deshalb ist *nicht verzichtbar*, dass mindestens zwei Bandenmitglieder am Tatort zusammenwirken (Stichwort: *keine Nivellierung Mitwirkungserfordernis*).

Hinweis

Nach der Rechtsprechung des Großen Senats (Theorie vom extensiven Mitwirkungsbegriff) werden nur noch die Fälle als Bandentat ausgeschlossen, in denen ein Bandenmitglied allein handelt oder sich nur von bandenfremden Personen helfen lässt.

Vertiefungsfundstelle

BGHSt (GS, 22.3.2001) 46, 321

Ingebrauchnehmen i.S.v. § 248b StGB bedeutet grundsätzlich, dass das Fahrzeug **als Fortbewegungsmittel benutzt** wird. Jedoch ist umstritten,

 **Streitstand** ⇨ | ob auch die Weiterbenutzung des Kfz nach **Ablauf der vereinbarten Nutzungsdauer** (Stichwort: *In-Gebrauch-Halten*) als unbefugte „Ingebrauch*nahme*" unter § 248b StGB fällt.

a) Theorie vom strafbaren Ingebrauch*halten*

Überwiegend, auch von der Rechtsprechung, wird vertreten, dass nicht nur die unbefugte Ingebrauchnahme, sondern **auch der unbefugte Weitergebrauch** nach befugt begonnener Fahrt von § 248b StGB **erfasst** sei.

Argumente:

- Nach Sinn und Zweck des § 248b StGB soll **jedwede Schwarzfahrt** unterbunden werden. Dazu zählt auch der unbefugte Weitergebrauch (Stichwort: *weiter Schutzzweck*).

- Der **Wortlaut** von § 248b StGB steht nicht entgegen: Ingangsetzen und -halten sind **zwei gleiche Ausprägungen** des Begriffs „Ingebrauchnahme".

b) Restriktive Theorie

Teilweise wird angenommen, die unbefugte Fortsetzung eines befugt begonnenen Gebrauchs sei **nicht nach § 248b StGB strafbar.**

Argumente:

- Ingebrauchnehmen und -halten können nicht ohne „bedenkliche Strapazierung" des Normtextes gleichgestellt werden (Stichwort: *Wortlautproblem*).

- Das Strafrecht ist **ultima ratio** im System staatlicher Sozialkontrolle. Mit Blick auf diese Subsidiarität stellt eine bloß vertragswidrige Benutzung auch hinsichtlich der Nutzungsdauer kein hinreichend strafwürdiges Unrecht dar (Stichwort: *Strafrecht kein Büttel für Vertragsverletzungen*).

- Eine Auslegung von § 248b StGB entlang des Kernbereichs des Wortlauts führt auch **nicht zu Strafbarkeitslücken**: Wenn die Dauer des unbefugt gewordenen Gebrauchs so lang oder intensiv ist, dass er einen teilweisen Enteignung unter dem Gesichtspunkt der Wertminderung gleichkommt, ist § 246 StGB einschlägig (Stichwort: *strafwürdige Fälle von 246 erfasst*).

Hinweise

- Umstritten ist ferner, wer **„Berechtigter" i.R.v. § 248b StGB** ist. Überwiegend wird die Vorschrift nicht nur als Eigentumsdelikt verstanden, sondern auch der Nutzungsbefugnis selbständiger Schutz zugesprochen (Stichwort: *selbständiger Schutz des Gebrauchsrechts*). Dann ist der konkrete Nutzungsberechtigte auch gegenüber dem Eigentümer geschützt.

- Für die **Abgrenzung zwischen Gebrauchsanmaßung und Diebstahl** kommt es darauf an, ob der Täter mit Rückführungswillen unter Anerkennung des Herausgabeanspruchs des Berechtigten (Stichwort: *keine Eigentumsleugnung*) gehandelt hat (dann § 248b StGB) oder nicht (dann § 242 StGB). Indiz für einen Rückführungswillen ist der **Abstellort** des entwendeten Pkw: Vor einer Polizeiwache ist mit einer alsbaldigen Verständigung des Halters zu rechnen, auf einem verlassenen Waldgrundstück nicht. Gibt der Täter entgegen seiner ursprünglichen Absicht den Rückführungswillen während der Fahrt auf, liegt mangels Zueignungsabsicht im Wegnahmezeitpunkt kein Diebstahl vor, sondern Unterschlagung im Zeitpunkt des Sinneswandels.

- Die mit der Benutzung des Kfz verbundene **Zueignung des Kraftstoffs** wird von der Rechtsprechung bereits als nicht tatbestandsmäßig i.S.v. §§ 242, 246 StGB angesehen; überwiegend wird Konsumtion durch § 248b StGB angenommen (Stichwort: *notwendige Begleittat*), siehe auch Streitstände Kompakt Strafrecht I (Allgemeiner Teil) Nr. 53.

Vertiefungsfundstelle

Schmidthäuser, Anm. zu OLG Schleswig, NStZ 1990, 341

Zu den klassischen Streitständen im Bereich der Unterschlagung gehört die

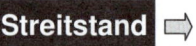 **Streitstand** ⇨ **Frage, ob eine bereits erfolgte Zueignung** *tatbestandlich wiederholbar* **ist.**

a) Theorie der Zweitzueignung („Konkurrenzlösung").

In der Lehre wird der **Tatbestand** des § 246 StGB bei wiederholten Zueig-nungshandlungen **überwiegend bejaht**. Die Unterschlagung sei **als mitbe-strafte Nachtat subsidiär**, sofern sie sich an eine strafbare Zueignung anschließt.

Argumente:

- Die Zueignung wäre nur dann nicht wiederholbar, wenn sie wie die Weg-nahme gerade die **Verschiebung** der Sache aus dem Vermögen des Eigentümers in ein anderes voraussetzen würde. Das ist aber **nicht der Fall**; vielmehr verschlechtert die Zueignung nur die Chance des Eigentü-mers, die Sache zurückzuerlangen. Weitere chancenverschlechternde Handlungen desselben Täters sind demgemäß möglich (Stichwort: *Zueig-nung als Verschlechterung der Restitutionschancen des Eigentümers*).

- Wenn die Tatbestandsmäßigkeit der Unterschlagung auf Erstzueignungen beschränkt wird, entstehen **Strafbarkeitslücken für Teilnahmen an Zweit-zueignungen**.

b) Theorie vom Tatbestandsausschluss

Insbesondere die Rechtsprechung ist der Auffassung, dass § 246 StGB **bereits tatbestandlich ausscheide**, wenn der Täter sich die Sache bereits zugeeignet hatte.

Argumente:

- Zueignung ist nach ihrem Wortsinn die Herstellung **erstmaliger** Verfü-gungsgewalt über eine Sache, nicht jedoch die bloße Ausnutzung bereits bestehender Herrschaftsmacht (Stichwort: *Wortlaut*).

- § 246 StGB ist *kein Grundtatbestand* aller Zueignungsdelikte, sondern ein Auffangtatbestand: Erfasst werden alle Formen rechtswidriger Zueignung fremder beweglicher Sachen, soweit sie nicht einen mit schwererer Strafe bedrohten eigenständigen Straftatbestand verwirklichen. Es ist nicht Sinn von § 246 StGB, neben allen mit Zueignungsabsicht begangenen Vermö-gensdelikten zusätzlich einzugreifen.

- Die Konkurrenzlösung führt zu unbilligen Ergebnissen: Die Verwertungs-handlung des Täter wäre als mitbestrafte Nachtat straflos, ihre Förderung aber strafbare Beihilfe zu § 246 StGB (Stichwort: *Wertungswidersprüche zwischen Täter- und Teilnehmerstrafbarkeit*).

- Unterschlagung ist wie alle Zueignungsdelikte ein **Zustandsdelikt**, das durch die Begründung eigentümerähnlicher Herrschaft gekennzeichnet ist und nicht eine Art von Dauerdelikt mit theoretisch unbegrenzter Kette von Verwertungshandlungen. Die Konkurrenzlösung **hebt damit die Verjäh-rungsfristen praktisch auf**.

Hinweise

- Die Diskussion um wiederholte Zueignungen bewegt sich außerhalb der Subsidiaritätsklausel des § 246 I StGB. Anders liegt es in **Gleichzeitigkeits-fällen**. § 246 StGB tritt hinter zeitgleich verwirklichten Vermögensdelikten als formell subsidiär zurück. Die früher von der Rechtsprechung auch in die-sem Fall vertretene Tatbestandslösung ist mit dem Wortlaut von § 246 StGB **unvereinbar** geworden.

- Die Weitergabe der Sache an einen Dritten nach erfolgter Erstzueignung ist ebenfalls eine wiederholte (Dritt-)Zueignung (zur Problematik der Drittzueig-nung siehe kostenloser INTERNET-STREITSTAND). Mit der seit dem 6. Strafrechtsreformgesetz neuen **Drittzueignung** wird gegen die Theorie vom Tatbestandsausschluss argumentiert: Die Unwiederholbarkeit der Zueig-nung könne allenfalls für den aktuellen Sachherrn gelten; **für Dritte** bleibe die Zueignung nach allgemeiner Auffassung möglich. Dann könne aber nichts anderes gelten für den Sachherrn, der das Tatobjekt seinerseits ei-nem Dritten zueigne (Stichwort: *Zueignung durch Dritte möglich* → *Drittzueignung durch Täter auch*).

- Wer durch Betrug **Fremdbesitz** an einer Sache erlangt, kann später nach § 246 StGB strafbar sein, weil mangels Enteignung in der Erlangung von Fremdbesitz noch keine Zueignung lag.

Vertiefungsfundstelle

Eckstein, JA 2001, 25

Nach § 246 I a.E. StGB ist Unterschlagung formell subsidiär.

 **Streitstand** ⇨ Umstritten ist jedoch das Konkurrenzverhältnis der Unterschlagung zu Straftaten, die keine Eigentums- bzw. Vermögensdelikte darstellen.

a) Theorie der allgemeinen Subsidiarität

Insbesondere die Rechtsprechung wendet die Subsidiaritätsklausel in § 246 I StGB **auf alle konkurrierenden Delikte** an, unabhängig von deren Schutzrichtung.

Argument:

- Eine Einschränkung der Subsidiarität von § 246 I StGB wäre eine mit dem Wortlaut **unvereinbare Auslegung** des Gesetzes zum Nachteil des Angeklagten. Dagegen steht Art. 103 II GG (Stichwort: *Analogieverbot*).

b) Restriktive Theorie der gleichen Schutzrichtung

Die im Schrifttum vorherrschende Auffassung beschränkt die Subsidiarität der Unterschlagung auf schwerere **Delikte mit gleicher Schutzrichtung**, also auf Eigentums- und Vermögensdelikte.

Argumente:

- Der Wortlaut von § 246 I StGB lässt Raum für eine einschränkende Auslegung: Mit den in Bezug genommenen „anderen Vorschriften" sind **nicht „alle anderen Vorschriften"** gemeint, sondern nur solche, die nach Sinn u. Zweck der Subsidiaritätsklausel entsprechen (Stichwort: *Wortlaut offen*).

- § 246 StGB hat die Funktion eines **Auffangtatbestands**. Deshalb reicht seine Subsidiarität nur so weit, wie Strafbarkeitslücken aufgefangen werden sollen. Das ist **nur im Bereich der Eigentumsstraftaten** der Fall. Darüber hinaus trifft die Auffangfunktion von § 246 StGB nicht mehr zu, so dass die Vorschrift auch nicht mehr subsidiär sein kann (Stichwort: *Subsidiarität durch Reichweite als Auffangtatbestand begrenzt*).

- Bei umfassender Subsidiarität wird das **Unrecht der Tat** nur unzureichend zum Ausdruck gebracht (Stichwort: *Klarstellungsfunktion*).

Vertiefungsfundstelle

Heghmanns, JuS 2003, 954

57 · Anvertrauen i.S.v. § 246 II StGB durch sitten- oder gesetzeswidriges Rechtsgeschäft

Anvertrauen i.S.v. § 246 II StGB durch sitten- oder gesetzeswidriges Rechtsgeschäft

F
§ 246
Rn 17

Anvertraut ist eine Sache, wenn dem Täter der Gewahrsam in dem Vertrauen eingeräumt worden ist, dass er die Gewalt über die Sache nur im Sinne des Eigentümers ausüben werde. Auf die **Wirksamkeit** des zugrundliegenden Rechtsverhältnisses **kommt es nicht an**. Die dem Täter eingeräumt Sachherrschaft darf aber **nicht dem Eigentümerinteresse zuwiderlaufen**, weil § 246 II StGB ausschließlich den strafrechtlichen Schutz des Eigentums verstärken soll. Außerhalb dieses Schutzzwecks hat § 246 II StGB keinen Anwendungsbereich. Dies wird teilweise für inkonsequent gehalten, weil die Interessen des Eigentümers das persönliche Vertrauensverhältnis i.S.v. § 246 II StGB gar nicht berühren würden. Umstritten ist, ob

 **Streitstand** ⇨ **eine anvertraute Sache auch bei sitten- oder gesetzeswidriger Beziehung in Betracht kommt.**

a) Normative Schutztheorie

Teilweise wird *abgelehnt*, eine Sache als anvertraut zu betrachten, wenn dem Täter de Gewahrsam in sitten- oder gesetzeswidriger Weise eingeräumt wurde.

Argument:

- Die Vertrauensbeziehung bei gesetzes- oder sittenwidrigen Verhältnissen **verdient keinen Schutz**. Das folgt bereits aus dem Grundsatz der Einheit der Rechtsordnung: Wenn schon das Zivilrecht dieses Vertrauen gemäß §§ 134, 138 BGB nicht schützt, dann erst recht nicht das Strafrecht (Stichwort: *Einheit der Rechtsordnung*).

b) Irrelevanztheorie

Überwiegend wird die Verbots- oder Sittenwidrigkeit für *irrelevant* gehalten.

Argumente:

- Nach dem *Wortlaut* des Gesetzes kommt es beim Anvertrauensverhältnis auf eine tatsächliche Beziehung an. Diese bleibt mangels rechtsgeschäftlichen Charakters schon nach allgemeinen Regeln unberührt von Gesetzes- oder Sittenwidrigkeit (Stichwort: *tatsächliche Vertrauensbeziehung*).

- Anders als im Zivilrecht kommt es **nicht auf die Schutzbedürftigkeit** der Vertrauensbeziehung an, sondern auf die Strafwürdigkeit des Täters. Daran ändert aber ein missbilligtes Opferverhalten nicht (Stichwort: *Strafwürdigkeit des Täters*).

Der von der überwiegenden Auffassung geforderte Finalzusammenhang i.R.v. § 249 StGB setzt voraus, dass **aus Tätersicht** die Anwendung der qualifizierten Nötigungsmittel der Wegnahme dienen sollen. Daran fehlt es, wenn Nötigung oder Gewalt **nur Begleiterscheinung** der Wegnahme sind oder die Wegnahme **nur gelegentlich** der Nötigungshandlung erfolgt. Der Finalzusammenhang fehlt ferner, wenn die Wegnahme der Nötigungshandlung **ohne innere Verknüpfung** zeitlich bloß nachfolgt. In diesen Konstellationen kann auch bereits das Raubmittel selbst verneint werden, denn Gewalt und Drohung enthalten selbst ein finales Element („zur Überwindung geleisteten oder erwarteten Widerstands"). Im Grenzbereich befindet man sich hingegen, wenn der Täter die fortwirkenden Folgen einer **vorher zu anderen Zwecken** verübten Gewalt ausnutzt (Stichwort: *fortdauernde Zwangswirkungen*). Dort ist umstritten,

 **Streitstand** ⇨ **ob der zunächst verübte Angriff gegen eine Person (ohne Wegnahmezweck) später als Gewalt durch Unterlassen zur Wegnahme fremder Sachen „erneuert" werden kann.**

a) Theorie der nachträglichen Gewalt durch Unterlassen

Teilweise wird in der pflichtwidrigen Aufrechterhaltung einer weiterwirkenden physischen Zwangsmaßnahme (Stichworte: *Fesselung, Einsperrung*) Gewalt durch Unterlassen gesehen.

Argument:

- Die pflichtwidrige Nichtbeendigung der Zwangslage des Opfers wird als Gewalt durch Unterlassen **zielgerichtet zur Wegnahme** eingesetzt. Damit liegt die erforderliche Finalstruktur vor (Stichwort: *finales Unterlassen*).

b) Gewaltverneinende Lösung

Überwiegend wird nachträgliche Gewalt durch Unterlassen **nicht für möglich** gehalten. Fasse der Täter etwa erst später Wegnahmevorsatz, so sei Raub zu verneinen, auch wenn das Opfer noch gefesselt oder einsperrt ist.

Argumente:

- Erneuerte Zwangsausübung liegt nur vor, wenn die Nötigungs**handlung** selbst, und nicht nur ihre Wirkung, „fortdauert" (Stichwort: *Handlungsrelevanz*).

- Wenn der Täter es nur unterlässt, Zwangswirkungen früherer aktiver Gewaltanwendung zu beseitigen, liegt kein Gewalt**einsatz zur** Wegnahme vor, sondern eine **bloße Ausnutzungssituation**. Der Täter nutzt den bereits eingetretenen Gewalterfolg, ohne körperlich wirkenden Zwang zur Wegnahme auszuüben.

- Das Ausnutzen einer Zwangslage ist in § 177 I Nr. 3 StGB als spezielle Tatbestandsvariante erfasst (Stichwort: *e contrario 177 I Nr.3*), und kann auch i.R.v. §§ 249 ff nicht einfach unter „Gewalt" subsumiert werden.

- **Bloße Passivität** kann im Übrigen nicht aktiv-aggressiver Gewalt i.S.v. § 13 I StGB a.E. gleichgestellt werden (Stichwort: *keine Modalitätenäquivalenz*).

Hinweis

An einer **Garantenstellung** scheitert Gewalt durch Unterlassen in diesen Konstellationen jedenfalls nicht, weil den Täter, der die Zwangslage des Opfers herbeigeführt hat, eine Rechtspflicht zu deren Beseitigung aus **Ingerenz** trifft.

Vertiefungsfundstelle

Küper, JuS 1986, 862

Wird gegenwärtige Gefahr für Leib oder Leben (§§ 249, 255 StGB) nicht dem Nötigungsadressaten, sondern einem Dritten angedroht, besteht der Motivationsdruck **des Nötigungsadressaten** (nur) in der Aussicht, die angekündigten Beeinträchtigungen des Gefahradressaten zu erleben und sie gewissermaßen mit verursacht zu haben. Das relevante Übel liegt deshalb **nicht unmittelbar, sondern nur mittelbar** in einer Gefahr für Leib oder Leben. Denn nur das Übel des Nötigungsadressaten ist i.R.v. §§ 249, 255 StGB relevant, weil nur er – und nicht der Gefahradressat – Bezugssubjekt der Wegnahme oder des erzwungenen Verhaltens ist. Dieses Nötigungsdreieck ist aber tatbestandsmäßig, wenn der Dritte eine **dem Nötigungsadressaten nahe stehende Person** i.S.v. § 35 I StGB ist. Diese Nähebeziehung ist kraft Gesetz geeignet, um für den Nötigungsadressaten selbst mit nötigender Wirkung gelten zu lassen, was dem Dritten als Übel angedroht wurde.

Streitstand  **Ob es auf eine derartige Nähebeziehung tatsächlich ankommt, ist jedoch umstritten.**

a) Theorie der obligatorischen Nähebeziehung

Teilweise ist man der Auffassung, dass ein Näheverhältnis zwischen Nötigungs- und Gefahradressat **zwingende** Tatbestandsvoraussetzung sei.

Argument:

- Der Nötigungsadressat muss die Drohung **mit annähernd gleicher Intensität** wahrnehmen können wie der Bedrohte selbst. Das ist nur der Fall, wenn der Dritte dem Genötigten nahe steht (Stichwort: *Gleichstellung*).

b) Theorie vom Motivationsdruck

Ganz überwiegend wird für richtig gehalten, dass der Dritte grundsätzlich **jede beliebige Person** sein könne (Stichwort: *kein Näheverhältnis nötig*), sofern die angedrohte Gefahr für den Nötigungsadressaten einen **Motivationsdruck** schafft.

Argumente:

- Der **Wortlaut** von §§ 249, 255 StGB ist bewusst **weit** gefasst. Anders als in § 241 StGB findet sich gerade **keine Einschränkung der Gefahradressaten** auf nahe stehende Personen (Stichwort: *e contrario 241*).

- Relevant ist allein, ob dem Nötigungsadressaten die Drohung gegenüber einem Dritten selbst **als empfindliches Übel erscheint**. Das hängt aber nicht von dem Kriterium einer diffusen Nähebeziehung ab (Stichwort: *Motivationswirkung beim Nötigungsadressaten*).

Hinweis

Dieser Streitstand (Stichwort: *Nötigungsdreieck*) ist nicht zu verwechseln mit der Frage der Nähebeziehung zwischen Nötigungsadressat und Geschädigtem (Stichwort: *Schädigungsdreieck*), dazu s.u. STREITSTAND 75.

Vertiefungsfundstelle

Zaczyk, Anm. zu BGH JZ 1985, 1059

Sukzessive Raubqualifikationen (§§ 250, 251 StGB)

Die Raubqualifikationen der §§ 250, 251 StGB setzen eine Handlung oder einen Erfolg „durch" oder „bei" der Tat voraus. Es ist anerkannt, dass damit die Phasen zeitlich **vor Versuchsbeginn** (mangels „Tat") sowie **nach Beendigung** der Tat **nicht erfasst** werden. Während zwischen Versuchsbeginn des Raubes und Tatvollendung der unstreitige Anwendungsbereich von §§ 250, 251 StGB liegt, ist

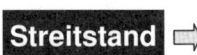 ⇨ **umstritten, ob Raubqualifikationen auch zwischen Tatvollendung und Beendigung (Stichwort:** *Beendigungsphase***) möglich sind.**

a) Beendigungslehre

Insbesondere die Rechtsprechung geht davon aus, dass jeder Raub auch im Zeitpunkt **zwischen Vollendung und Beendigung der Tat noch qualifiziert** werden könne.

Argumente:

- Das Gesetz bezeichnet mit der formellen Vollendung des Delikts **nur das Mindestmaß des zur vollständigen Tatbestandserfüllung erforderlichen Unrechts** (Stichwort: *formelles Mindestmaß*). Materiell kann das Unrecht bis zur Beendigung noch weiter verwirklicht werden (Stichwort: *Deliktsphase dauert bis zu materieller Beendigung*).

- Insbesondere die Wegnahme einer fremden Sache erschöpft sich nicht in der Herbeiführung des Gewahrsamswechsels, sondern umfasst mit der Beutesicherung auch die Beendigungsphase (Stichwort: *Beutesicherung ist Wegnahme*).

- Eine ausufernde Strafbarkeit ist mit der Beendigungslehre nicht verbunden, weil der Täter auch in fortbestehender Zueignungs- bzw. Bereicherungsabsicht handeln muss (Stichwort: *fortbestehende Beutesicherungsabsicht*).

b) Lehre von der Vollendungsgrenze

Die überwiegenden Stellungnahmen im Schrifttum halten das tatbestandsmäßige Unrecht für **im Tatbestand vollständig und abschließend typisiert**. Demnach scheiden Qualifikationen in der Beendigungsphase aus.

Argumente:

- Anders als dem Prozessrecht (§§ 155, 264 StPO) liegt dem StGB ein tatbestandsbezogener Tatbegriff zugrunde. Mit Vollendung der Wegnahme

endet der tatbestandsmäßige Handlungsraum und damit die Möglichkeit einer Qualifikation (Stichwort: *tatbestandsbezogener Tatbegriff*).

- Der Beendigungszeitpunkt ist **nicht hinreichend genau bestimmbar**. Deshalb steht das Gesetzlichkeitsprinzip, Art. 103 II GG, der Beendigungslehre entgegen (Stichwort: *fehlende Bestimmtheit*).

- Gesetzliche Spezialregelungen für das Nachtatverhalten dürfen nicht durch einen Rückgriff auf das „Beendigungsstadium" vorangegangener Delikte umgangen werden. Namentlich § 252 StGB ist eine solche zwar lückenhafte, aber **abschließende** Spezialregelung (Stichwort: *252 lex specialis für Beendigungsphase*).

Hinweise

- Umstritten ist die Möglichkeit eines **Teilrücktritts**, wenn der Räuber die bei sich geführte Schusswaffe nach Versuchsbeginn aber vor Vollendung der Wegnahme freiwillig wegwirft.

  - Dafür spricht, dass die Qualifikation gegenüber dem Grundtatbestand selbständiges Unrecht verkörpert, von dem der Täter nach allgemeinen Regeln zurücktreten kann.

  - Die Rechtsprechung hingegen bestraft aus § 250 I Nr. 1a StGB, weil sich die Gefährlichkeit des Beisichführens bereits realisiert habe, wenn sich der Täter nur zu irgendeinem Zeitpunkt des Tathergangs der Schusswaffe bedienen konnte.

- Der Anwendungsbereich von **§ 252 StGB** ist beschrieben mit „bei dem Diebstahl". Darunter wird ganz überwiegend **gerade die Beendigungsphase** des Diebstahls verstanden, also die Zeit zwischen Vollendung und Beendigung (zum räuberischen Diebstahl instruktiv: *Küper*, Jura 2001, 21).

Vertiefungsfundstellen

Streitstände Kompakt Strafrecht I (Allgemeiner Teil) Nr. 25 und 75
Rengier, Anm. zu BGH NStZ 1992, 589
Habetha, NJW 2010, 3133

Anerkannt ist, dass tauglicher Täter des § 252 StGB nur sein kann, wer mit **Eigenbesitzerhaltungsabsicht** handelt. Ferner muss der Täter Beutegewahrsam innehaben, wofür allerdings die Regeln mittäterschaftlicher Zurechnung gemäß § 25 II StGB gelten. Davon unabhängig ist aber grundsätzlich umstritten, ob der

Streitstand ⇨ **Gehilfe des Diebstahls im Stadium der Beutesicherung noch Täter v. § 252 StGB werden kann.**

a) Vortat-Täter-Theorie

Weit verbreitet und im Vordringen begriffen ist die Auffassung, dass Täter des § 252 StGB nur sein könne, wer auch **Täter der Vortat** gewesen ist.

Argumente:

- § 252 StGB setzt sich aus Diebstahls- und Nötigungselementen zusammen. Da der Täter gleich dem Räuber bestraft wird, müssen wie beim Raub **beide Elemente** des räuberischen Diebstahls auch täterschaftlich verwirklicht werden (Stichwort: *Raubähnlichkeit*).

- Der **Wortlaut** von § 252 StGB verlangt ein Betreffen auf frischer „Tat". Damit sind nur Täter angesprochen (Stichwort: *Wortlaut „Tat"*).

b) Vortat-Teilnehmer-Theorie

Teilweise wird vertreten, dass **auch der bloße Vortat-Teilnehmer** Täter des § 252 StGB sein könne, wenn die Beute sich in seinem Gewahrsam befindet.

Argumente:

- Der **Wortlaut** d. § 252 StGB verlangt nicht, dass der drohende oder Gewalt anwendende Täter des § 252 StGB zugleich Täter der Vortat gewesen sein muss. Auch der Diebstahlsgehilfe kann auf frischer Tat betroffen werden.

- Die **Raubähnlichkeit** des § 252 StGB ist auch beim Vortat-Teilnehmer gegeben: Er **wendet Raubmittel an** und hat **Beutesicherungsabsicht**.

Hinweis

Der Streitstand hat an Bedeutung verloren: Früher waren viele Vortatbeteiligte nur deshalb keine Täter, weil sie **bloß Drittzueignungsabsicht** hatten. Diese ist inzwischen tatbestandsmäßig i.S.v. §§ 242, 249 StGB. In den übrigen „Gehilfenfällen" bleibt es jedoch bei der grundsätzlichen Frage, ob die Täterschaft des § 252 StGB wegen ihrer Raubähnlichkeit nicht weiter reichen darf als die des § 249 StGB.

§ 252 StGB setzt voraus, dass der Täter auf frischer Tat betroffen wird; **durch wen, ist irrelevant.** Das Merkmal hat den Zweck, den Anwendungsbereich von § 252 StGB auf Tatsituationen zu begrenzen, die noch als **raubähnlich** angesehen werden können. Darüber hinaus

Streitstand ⇨ **ist die Auslegung des Merkmals „Betreffen" i.S.v. § 252 StGB jedoch umstritten.**

a) Theorie vom raumzeitlichen Zusammentreffen

Überwiegend wird für richtig gehalten, dass „Betreffen" i.S.v. § 252 StGB nur **schlichtes raumzeitliches Zusammentreffen** von Täter und Opfer voraussetze, **ohne** dass das Opfer den Täter **sinnlich wahrgenommen** haben müsse.

Argumente:

- Der altertümliche Begriff „betroffen" gibt keinen verlässlichen Anhalt für die Auslegung (Stichwort: *Unschärfe des Wortlauts*).

- Vom Schutzzweck des § 252 StGB her muss auch derjenige bestraft werden, der durch **schnelles Zuschlagen dem Bemerktwerden zuvorkommt.** Betroffensein muss von dieser *ratio legis* her aus Täterperspektive bestimmt werden (Stichwort: *Täterperspektive*).

- § 252 StGB muss wegen seiner Raubähnlichkeit wie § 249 StGB ausgelegt werden, weil es nur vom Zufall abhängt, ob die Wegnahme schon vollendet ist (dann 249) oder nicht (dann 252). Hier wie dort schadet es nicht, wenn das Opfer den Täter nicht bemerkt hat (Stichwort: *249-Vergleich*).

b) Theorie der sinnlichen Wahrnehmung

Teilweise wird verlangt, dass der Täter **zumindest sinnlich wahrgenommen,** also vom Dritten gehört oder gesehen wurde.

Argumente:

- „Betroffensein" kennzeichnet die **Sicht eines Dritten auf den Täter.** Deshalb kommt es nicht auf die Täterperspektive, sondern die Opferperspektive an. Kommt der Täter seiner Wahrnehmung durch den Dritten zuvor, fehlt es am Betroffensein (Stichwort: *Opferperspektive*).

- Das bloße raumzeitliche Zusammentreffen bei der Gewaltanwendung ist vom Tatbestand ohnehin vorausgesetzt. Das „Betreffen" muss aber nach der Tatbestandsstruktur eine **zusätzliche Bedeutung** haben (Stichwort: *Zusammentreffen → ohnehin*).

c) Verdächtigungstheorie

Vereinzelt wird für richtig gehalten, dass der Dritte den Dieb **als mutmaßlichen Täter einer Straftat** wahrgenommen haben müsse.

Argument:

* Das Merkmal „auf frischer Tat betroffen" enthält nach seinem objektiven Wortlaut zwei Voraussetzungen: Der Beobachter muss nicht nur die Person des Diebes, sondern auch erkannt haben, dass eine „Tat" vorliegt (Stichwort: *strenge Wortlautbetrachtung*).

Hinweis

Umstritten ist auch, ob § 252 StGB grundsätzlich ausscheiden muss, wenn das Opfer mit dem Täter **bereits während der Tatausführung räumlich und zeitlich zusammen war**.

* Fordert man ein Betroffenwerden i.s. eines „**Aufeinandertreffens**", muss man § 252 StGB ablehnen.

* Hält man ein „Hinzukommen" nicht für erforderlich i.s. eines „Betroffenseins", genügt es, wenn der den Täter betreffende bereits am Tatort anwesend ist.

Vertiefungsfundstelle

Geppert, Jura 1990, 554

63 Besitzerhaltungsabsicht i.R.v. § 252 StGB bei prophylaktischen Abwehrmaßnahmen

F
§ 252
Rn 9a

Ein andere Problematik als das Betroffensein i.R.v. § 252 StGB betrifft die Besitzerhaltungsabsicht. Es ist nämlich umstritten,

 ⇨ **ob Besitzerhaltungsabsicht nur vorliegt, wenn nach der Tätervorstellung der drohende Gewahrsamsverlust bereits gegenwärtig ist.**

a) Gegenwärtigkeitstheorie

Nach der Rechtsprechung handelt nur mit Besitzerhaltungsabsicht, wer zur unmittelbaren Gewahrsamssicherung gegen eine **aktuelle Entziehungsgefahr** tätig wird (Stichwort: *akute Lage*).

Argument:

- Das Gegenwärtigkeitserfordernis stellt die **Parallelität zum Raub** sicher. Dort muss das Nötigungsmittel **auch unmittelbar** zur Wegnahme eingesetzt werden und darf nicht bloß deren Vorbereitung dienen.

b) Prophylaxetheorie

Überwiegend wird Besitzerhaltungsabsicht auch dann bejaht, wenn der Täter eine **spätere Entziehungsgefahr abwenden will**.

Argumente:

- Die Gleichwertigkeit zum Raub wird bereits dadurch gewährleistet, dass der Täter **Raubmittel** einzusetzen bereit ist, um den Gewahrsam **gegenwärtig präventiv** zu schützen (Stichwort: *gegenwärtige Prävention*).

- Handelt der Täter präventiv ohne aktuelle Bedrängnis, dürfte deren Unrechtsgehalt **eher höher** liegen als beim Einsatz von Raubmittel bei unmittelbarem Risiko der Gewahrsamsentziehung (Stichwort: *erhöhte kriminelle Energie beim planenden Täter*).

Hinweis

Die Besitzerhaltungsabsicht wird weit überwiegend als **verlängerte (modifizierte) Zueignungsabsicht** mit Aneignungs- und (dauerhafter) Enteignungskomponente ausgelegt. Sie liegt nicht mehr vor, wenn die Sache nur als späteres Beweismittel vernichtet werden soll.

Restriktive Auslegung von § 316a StGB

§ 316a StGB schützt nicht nur Eigentum und Vermögen des Opfers, sondern auch die Sicherheit und Funktionsfähigkeit des Straßenverkehrs. Der Tatbestand wird daher von der Ausnutzung der besonderen Verhältnisse des Straßenverkehrs durch den Täter geprägt. Damit ist für den Fahrer gemeint: **Beanspruchung durch Lenkung**, und für alle Insassen: **Erschwerung von Flucht und Gegenwehr oder fremder Hilfeleistung**. Umstritten ist,

 **Streitstand** ➡ **ob ein Ausnutzen i.S.v. § 316a StGB noch nach Aussteigen außerhalb des Kfz möglich ist.**

a) Restriktive Theorie

Ganz überwiegend wird vertreten, dass ein Angriff, der erst nach Aussteigen aus dem Kfz erfolgen soll, **nicht tatbestandsmäßig** i.S.v. § 316a StGB sei.

Argumente:

- Täter des § 316a StGB kann nur der „**Führer**" eines Kfz sein. Diese Eigenschaft endet, wenn das Fahrzeug hält und der Motor abgestellt ist (Stichwort: *Täterqualität*). Außerhalb des Kfz fehlt auch die **Opferqualität**: Es handelt sich nicht mehr um Insassen, sondern **um Fußgänger**.

- Nach dem Wortlaut („**dabei**") müssen die besonderen Verhältnisse des Straßenverkehrs **bei** der Ausführung des Angriffs selbst ausgenutzt werden (Stichwort: *zeitliche Koinzidenz*).

- Fallen Angriffsausübung und die ausgenutzten besonderen Verhältnisse des Straßenverkehrs nicht zusammen, **fehlt** der Tat die für das Verbrechen des § 316a StGB **wesensbestimmende Unrechtskomponente**: Die Straßenverkehrssicherheit wird dann nicht beeinträchtigt.

b) Theorie der fortwirkenden Opfergefährdung

Früher wurde von der Rechtssprechung für richtig gehalten, dass ein Ausnutzen i.S.v. § 316a StGB **auch außerhalb des Fahrzeugs** möglich sei, solange ein zeitlich-räumlicher Zusammenhang zum fließenden Verkehr besteht.

Argument:

- Zu den besonderen Risiken des Straßenverkehrs gehört die Möglichkeit, das Opfer zu isolieren und mittels Kfz schnell an abgelegene Orte zu bringen (Stichwort: *Vereinzelungsgefahr*). Solange diese Gefahrenlage nach Aussteigen aus dem Kfz fortwirkt, ist ein Ausnutzen i.S.v. § 316a StGB möglich.

Eine Tatsachentäuschung kann durch ein **positives Tun** erfolgen, und zwar in ausdrücklicher oder konkludenter Weise. Ein Unterlassen wird diesem gemäß § 13 I StGB nur gleichstellt, wenn eine Rechtspflicht zum Handeln besteht **und** das Unterlassen der Verwirklichung eines gesetzlichen Tatbestands durch **positives Tun entspricht.** Mit Blick auf dieses Gleichstellungserfordernis ist

Streitstand ⇨   umstritten, ob Betrug auch durch
                     Unterlassen begangen werden kann.

a) Theorie der fehlenden Modalitätenäquivalenz

Vereinzelt wird eine Betrugsbegehung durch Unterlassen **abgelehnt.**

Argumente:

- Der **historische Gesetzgeber** ist davon ausgegangen, dass ein Betrug durch Unterlassen nicht in Betracht kommt.

- Die bloße Nichtaufklärung eines bereits vorhandenen Irrtums kann einer **Täuschungshandlung nicht gleichgestellt** werden i.S.v. § 13 I a.E. StGB, da das bloße Ausnutzen einer Fehlvorstellung gerade nicht der **Einwirkung** auf das Vorstellungsbild des Opfers entspricht (Stichwort: *bloßes Ausnutzen*).

b) Theorie vom Betrug durch Unterlassen

Ganz überwiegend **bejaht** man die Möglichkeit des Betrugs durch Unterlassen. Es täusche i.S.v. § 263 I StGB, wer garantenpflichtwidrig die Entstehung eines Irrtums nicht verhindere **oder** einen bereits vorhandenen Irrtum nicht beseitige.

Argumente:

- Als Tathandlung kommt nach dem Wortlaut des § 263 I StGB auch die „Unterdrückung wahrer Tatsachen" in Betracht (Stichwort: *Wortlaut 263* → *Unterdrücken*). Dies kann durch bloße Untätigkeit geschehen, indem der Garant die Richtigstellung einer Fehlvorstellung unterlässt.

- Auf den Willen des historischen Gesetzgebers kommt es nicht an, da das Gesetz **objektiv auszulegen** ist. Dann zeigt **§ 13 StGB**, dass die Möglichkeit eines unechten Unterlassens bei allen Erfolgsdelikten vorgesehen ist. **§ 264 I Nr. 3 StGB** bedroht sogar einen Fall pflichtwidrigen Unterlassens der Aufklärung im Vorfeld des Betrugs ausdrücklich mit Strafe (Stichwort: *264 I Nr. 3*).

Hinweise

- Aufklärungspflichten ergeben sich:

  o **aus Gesetz**, etwa gemäß § 666 BGB im Auftragsverhältnis oder gemäß § 60 I SGB I bei Empfang von Sozialleistungen;

  o **aus Vertragsverhältnissen**, aber nur bei ausdrücklichen Vereinbarungen oder besonderen Vertrauensbeziehungen; kraft Treu und Glaubens entsteht regelmäßig keine Aufklärungspflicht, wenn nicht aus der besonderen Interessenlage der Parteien ein anderes folgt (Stichwort: *Gebrauchtwagenhändler*) oder

  o **aus Ingerenz**, insbesondere bei irreführendem Vorverhalten. In diesem Zusammenhang ist umstritten, ob eine Erklärung, die erst aufgrund sich später verändernder Umstände **unwahr wird**, eine Garantenstellung aus Ingerenz begründen kann.

  Dagegen wird vorgetragen, dass es an einem pflichtwidrigem Vorverhalten fehle; der Verpflichtete habe nur dafür zu sorgen, dass seine Aussage wahr ist, nicht aber dafür, dass sie wahr bleibt.

  Die **Befürworter** einer Garantenstellung heben auf die fortdauernde Verantwortlichkeit des Verpflichteten für seine Erklärung ab.

- Bei Täuschungen **durch aktives Tun** sind zwei Verhaltensweisen zu unterscheiden (s.o.): Ausdrückliche Täuschungen und schlüssiges (konkludentes) Täuschungsverhalten. Konkludent werden jene Umstände miterklärt, die notwendig erfüllt sein müssen, damit der ausdrückliche Erklärungsteil seinen Sinn und Zweck nicht verfehlt (Stichworte: *Erfüllungswillen, Erfüllungsfähigkeit, Verfügungsbefugnis*).

Vertiefungsfundstelle

Schönke/Schröder-*Cramer-Perron* (2010), § 263 Rn. 18

Wer eine Forderung geltend macht, erklärt konkludent, dass die anspruchsbegründenden Tatsachen gegeben sind. Hebt der Girokontoinhaber Geld ab, das seinem Konto durch irrtümliche Überweisung **eines Dritten** gutgeschrieben wurde (Stichwort: **Fehlüberweisung**), scheidet eine konkludente Täuschung der Bank jedoch aus, weil mit der Gutschrift tatsächlich eine Forderung gegen die Bank begründet wurde (abstraktes Schuldanerkenntnis gemäß §§ 780, 781 BGB). Die Rückforderungs- und Anfechtungsrechte des Überweisenden gegen den falschen Empfänger lassen die Wirksamkeit der Gutschrift im Verhältnis zwischen kontoführender Bank und Kontoinhaber unberührt. Davon zu trennen ist möglicherweise die **Fehlbuchung**, bei der dem Kontoinhaber als Folge eines **bankinternen Fehlers** (ohne Überweisung) ein Betrag gutgeschrieben wird.

 **Streitstand** ⇨ **Die Betrugsstrafbarkeit der Abhebung eines derart fehlgebuchten Betrags ist umstritten.**

a) Täuschungstheorie

Die bisher überwiegende Auffassung hat § 263 I BGB bejaht. Es liege eine konkludente Täuschung vor, weil der Kontoinhaber infolge Fehlbuchung **keinen Anspruch** gegen die kontoführende Bank erworben habe.

b) Theorie der Straflosigkeit

Nach einer grundlegenden Neuorientierung des Bundesgerichtshofs wird die Unterscheidung zwischen Fehlüberweisung und Fehlbuchung **allgemein für nicht mehr überzeugend** gehalten. Eine Betrugsstrafbarkeit **scheide nunmehr auch bei Fehlbuchungen aus.** (BGHSt 46, 196).

Argumente:

- Das Auszahlungsverlangen des Kontoinhabers enthält bereits **keine konkludente Erklärung** über die materiell rechtmäßige Deckung des Kontos, weil es im **Pflichtenkreis der Bank** liegt, diese zu prüfen.

- Jedenfalls wäre eine etwaige Erklärung des Kontoinhabers **nicht falsch**: Bei Fehlbuchungen beseitigt erst die Stornierung durch die kontoführende Bank den Anspruch des Kunden aus der Kontogutschrift (§§ 780f. BGB).

- Auch unter dem Aspekt des Unterlassens der Aufklärung der Bank über die Fehlbuchung folgt keine Betrugsstrafbarkeit: Dem Kontoinhaber kommt **keine Aufklärungspflicht** gegenüber der Bank zu, da gemäß § 676f BGB die Kontoführung im Pflichtenkreis der Bank liegt.

Ein Irrtum i.S.v. § 263 I StGB ist eine Fehlvorstellung des Opfers. Sie muss sich auf Tatsachen beziehen, die Gegenstand der Täuschung waren. Kennt der Verfügende ohne vorherige intellektuelle Einwirkung auf ihn einen Umstand schlicht nicht (Stichwort: *ignorantia facti*), oder macht er sich infolge Gleichgültigkeit gar keine Gedanken, scheidet ein Irrtum nach überwiegender Auffassung aus. Die allgemeine Vorstellung, es sei alles in Ordnung (Stichwort: *sachgedankliches Mitbewusstsein*) wird als Irrtum angesehen, wenn sie auf einer hinreichenden Tatsachengrundlage ruht.

 **Streitstand** ⇨ **Umstritten ist die Rechtslage, wenn der Getäuschte *konkrete Zweifel* an der vorgetäuschten Tatsache hat und trotzdem verfügt.**

a) Möglichkeitstheorie

Nach überwiegender, auch von der Rechtsprechung geteilter Ansicht schließen Zweifel einen Irrtum i.S.v. § 263 I StGB nicht aus (Stichwort: *Irrelevanz des Zweifels*).

Argumente:

* § 263 StGB schützt vor Vermögensnachteilen infolge Überlistungen. Verfügt das Opfer trotz Zweifeln, **ist er der List des Täters gerade erlegen gewesen**. Nach dem Schutzzweck des § 263 StGB reicht es daher aus, wenn das Opfer durch die Möglichkeitsvorstellung zur Vermögensverfügung motiviert wurde (Stichwort: *Verfügung trotz Zweifel = erfolgreiche List = 263*).

* Eine restriktive Auslegung des Irrtumsmerkmals widerspricht dem Gesetzeswortlaut, der **jede** unrichtige Vorstellung über Tatsachen erfasst (Stichwort: *Wer zweifelt, irrt.*).

* Der Wahrscheinlichkeitsansatz ist nicht nur **unpraktikabel**, weil verschiedene Grade der Wahrscheinlichkeit schwer beweisbar sind, sondern auch **wirklichkeitsfern**, weil der Getäuschte keine Wahrscheinlichkeiten abwägt.

* Der viktimologische Ansatz **erhöht Opfermitverschulden** zu einem dem Strafrecht fremden Tatbestandskorrektiv: Der vorsätzlich Schädigende bekommt auf diese Weise einen **kriminalpolitisch fragwürdigen Handlungsspielraum**.

b) Wahrscheinlichkeitsansatz

Teilweise wird ein Irrtum bejaht, wenn das Opfer die Richtigkeit seiner Vorstellung **für wahrscheinlicher hält** als deren Unrichtigkeit.

Argument:

- Zwar schließen Zweifel den Irrtum nicht aus, jedoch darf das Merkmal nicht überdehnt werden: **Strafrechtsrelevanten Einfluss** hat die Täuschung auf das Opfer erst, wenn es die Wahrheit der Tatsache für wahrscheinlicher hält als ihre Unwahrheit (Stichwort: *Balance zwischen Schutzwürdigkeit des Opfers und Weite des Irrtumsmerkmals*).

c) Viktimologischer Ansatz

Teilweise wird vertreten, dass ein **Irrtum zu verneinen** ist, wenn das Opfer zweifelt und dafür konkrete Anhaltspunkte hat.

Argumente:

- Wer zweifelt und damit die Möglichkeit seines Schadens vorhersieht, kann sich selbst schützen. Nach dem **Grundsatz der Subsidiarität** strafrechtlichen Güterschutzes hat der **Selbstschutz Vorrang**.

- Der Hinweis, dass die Täuschung das Opfer zur Vermögensverfügung tatsächlich motiviert hat, ist eine **bloße Wiederholung der Kausalität**. Die Äquivalenztheorie verdeckt jedoch die kriminalpolitische Problemstellung.

Hinweis

Konkret umstritten ist etwa, ob ein Irrtum über den Berechtigten vorliegt, wenn ein **Nichtberechtigter ein Sparbuch vorlegt**.

- Das wird **überwiegend verneint**, weil sich ein Kassierer mangels besonderer Anhaltspunkte keine Gedanken über die Berechtigung des Vorlegenden mache. Grund dafür ist § 808 I 1 BGB, wonach die Bank mit befreiender Wirkung an den jeweiligen Inhaber des Sparbuchs zahlen kann.

- **Dagegen** wird vorgetragen, dass bei grober Fahrlässigkeit der Bank die Schuldbefreiung nicht eintrete. Deshalb sei zu vermuten, dass der Kassierer jedenfalls das **sachgedankliche Mitbewusstsein von der materiellen Berechtigung des Buchinhabers** habe.

Vertiefungsfundstelle

BGH, NJW 2003, 1198

Im typischen Prozessbetrug verschafft der Richter durch irrtumsbedingte Entscheidung der obsiegenden Partei **Zugriff auf das Opfervermögen**. Diese Konstellation ist **als Dreiecksbetrug anerkannt**. Im Verfahren zum Erlass eines Versäumnisurteil ergeben sich jedoch **beim Irrtum des Richters Bedenken**: Es findet nämlich **nur eine Schlüssigkeitsprüfung** des Klägeranspruchs statt, § 331 I, II ZPO. Deshalb ist umstritten,

 ⇨ **ob ein Prozessbetrug durch unwahre Tatsachenbehauptungen auch im Versäumnisverfahren (§§ 330ff. ZPO) begangen werden kann.**

a) Betrugsbejahende Theorie

Teilweise, insbesondere von der Rechtsprechung, wird auch im Versäumnisverfahren ein Prozessbetrug **für möglich** gehalten.

Argument:

- Der Richter darf wegen der Wahrheitspflicht gemäß § 138 I ZPO davon ausgehen, dass der Kläger ihn nicht bewusst belügt (Stichwort: *Indiz für positive Wahrheitsvorstellung des Richters*). In dieser Fehlvorstellung liegt ein betrugsrelevanter Irrtum über die Wahrheit des Parteivortrags. Der Irrtum ist auch kausal für den Erlass des Versäumnisurteils, da bewusst unwahres Parteivorbringen **prozessual unbeachtlich** ist.

b) Verneinende Theorie

Im Schrifttum ist man überwiegend der Auffassung, dass ein Prozessbetrug im Versäumnisverfahren **am Irrtum des Rechtspflegeorgans scheitere**.

Argumente:

- Das Versäumnisurteil wird nicht erlassen, weil der Richter der Partei glaubt, sondern weil gewisse förmliche Voraussetzungen eingehalten wurden. Das Versäumnisurteil ergeht nicht aufgrund richterlicher Überzeugung von der Wahrheit des vorgetragenen Sachverhalts, sondern aufgrund der Säumnis, §§ 330, 331 ZPO (Stichwort: *Säumnis statt richterlicher Überzeugung*).

- Der Richter ist an das Parteivorbringen gebunden (Stichwort: *Verhandlungsgrundsatz*). Aus § 138 ZPO kann keine vom Parteivorbringen abweichende Überzeugungsbildung des Richters abgeleitet werden (Stichwort: *138 ZPO irrelevant gegenüber Verhandlungsgrundsatz*).

Hinweise

- Eine ähnliche Diskussion findet beim **Mahnverfahren**, §§ 688ff. ZPO, statt: Jedoch **entfällt dort sogar die Schlüssigkeitsprüfung** des Klägeranspruchs: § 692 I Nr. 2 ZPO. Deshalb wird ein Irrtum des zuständigen Rechtspflegers, § 20 Nr. 1 RPflG, überwiegend verneint. Beim automatisierten Mahnverfahren kommt ferner eine Strafbarkeit als mittelbarer Täter nach § 263a I, Fall 2 StGB in Betracht. Folgt man jedoch der „betrugsnahen" Auslegung (s.u. STREITSTAND **73**), muss auch § 263a StGB mangels Prüfungspflicht, § 692 I Nr. 2 ZPO, abgelehnt werden.

- Im **Strafverfahren** ist ein **Prozessbetrug nicht möglich**, da Strafen, Maßnahmen und Maßregeln nicht zum geschützten Vermögen des Staates gehören, s.u. STREITSTAND **69**.

Vertiefungsfundstelle

Schönke/Schröder-*Cramer-Perron* (2010), § 263 Rn. 52

Strafrechtlicher Vermögensbegriff

Was zum strafrechtlichen Vermögen gehört, ist vielfach relevant, etwa bei Vermögensverfügungen, beim Vermögensschaden und bei Bereicherungsabsichten.

Streitstand ⇨ Über die genaue Reichweite des strafrechtlichen Vermögensbegriffs besteht Streit.

a) Rein wirtschaftlicher Vermögensbegriff

Teilweise wird der strafrechtliche Vermögensbegriff **rein wirtschaftlich bestimmt**: Erfasst sein sollen alle geldwerten Wirtschaftsgüter und Positionen, unabhängig von ihrer rechtlichen Anerkennung.

Argument:

* Es gibt **kein strafrechtlich ungeschütztes Vermögen.**

b) Juristisch-ökonomischer Vermögensbegriff

Überwiegend ist die Auffassung, dass zum Vermögen im strafrechtlichen Sinn nur Positionen von wirtschaftlichem Wert gehören, die **unter dem Schutz der Rechtsordnung stehen** oder wenigstens dem Vermögensträger ohne Missbilligung der Rechtsordnung zustehen.

Argument:

* Das Vermögen gehört, selbst wenn es wirtschaftlich verstanden wird, einer auf Ordnungswerte bezogenen sozialen Wirklichkeit an (Stichwort: *soziale Wirklichkeit*). Deshalb müssen bei dessen Definition auch die das Wirtschaftsleben mitbestimmenden rechtlichen Regelungen beachtet werden (Stichwort: *Einheit der Rechtsordnung*).

Hinweise

* Differenzen zwischen wirtschaftlichem und juristisch-ökonomischem Vermögensbegriff zeigen sich an Rechtspositionen, die von der Rechtsordnung missbilligt werden:

    o **Nichtige Ansprüche**, also solche aus gesetzes- oder sittenwidrigen Geschäften, zählen nicht zum juristisch-ökonomischen Vermögen. (Bei **Prostituierten-Fällen** liegt neuerdings gemäß Art. 1, § 1 S. 1 ProstG eine wirksame Forderung vor. Für das Erschleichen sexueller Dienstleistungen gelten damit allgemeine Betrugsregeln.).

○ Der Einsatz von Geld (Stichwort: *„gutes Geld"*) **zu unerlaubten Zwecken** wird innerhalb der juristisch-ökonomischen Theorie unterschiedlich bewertet. Für den Vermögensschutz spreche, dass redlich erworbene Güter nicht deshalb ihren Strafrechtsschutz verlieren, weil sie zur Verfolgung rechtswidriger Zwecke eingesetzt werden. Die Gegenmeinung trägt jedoch vor: Der Vermögensschutz gehe verloren; der Einsatz von Geld zu unerlaubten Zwecken sei eine „Leistung auf eigene Gefahr". So seien auch gemäß § 817 S. 2 BGB Rückforderungen bei Sittenverstößen gerade ausgeschlossen. Dagegen wird darauf hingewiesen, dass die Versagung zivilrechtlicher Rückabwicklung keine bindende Wertung für das Strafrecht enthalte.

○ Beim **unrechtmäßigen Besitz** ist der strafrechtliche Vermögensschutz deshalb umstritten, weil er trotz Unrechtmäßigkeit durch die §§ 859ff. BGB in gewissem Umfang zivilrechtlich geschützt wird. Dagegen wird eingewandt, dass diese Vorschriften nur dem Rechtsfrieden dienen und nicht das faktische Haben zu einer Rechtsposition verdichten würden. Dagegen wird auf den Rechtsschein des (unrechtmäßigen) Besitzes hingewiesen, der die rechtliche Anerkennung der unrechtmäßigen Besitzposition demonstriere (etwa in § 932 BGB).

• **Expektanzen** (Erwerbsaussichten) werden überwiegend für vermögenswert gehalten, sofern sie eine **gesicherte** Erwerbsposition darstellen. Flüchtige, wirtschaftlich noch nicht fassbare Hoffnungen werden dadurch ausgeklammert.

• Anerkannt ist, dass nicht zum strafrechtlich geschützten Vermögen **staatliche Sanktionsansprüche** zählen, etwa Geldstrafen und Geldbußen, Verwarnungsgelder (§ 56 OWiG) und Geldauflagen (§ 153a StPO). Zur Begründung wird darauf hingewiesen, dass diese ausschließlich sanktionsrechtliche Funktionen haben und kein Wirtschaftsgut seien. Die Strafe solle Unrecht vergelten und werde um ihrer selbst Willen verhängt, nicht im Vermögensinteresse des Staates. Im Übrigen spricht auch die Straflosigkeit persönlicher Selbstbegünstigung gemäß § 258 V StGB dafür, staatliche Sanktionsansprüche nicht gegen Täuschungen des Verpflichteten geschützt zu sehen.

• Vom Standpunkt des juristisch-ökonomischen Vermögensbegriffs ist das Tatbestandsmerkmal der **Rechtswidrigkeit der erstrebten Bereicherung** praktisch bedeutungslos, da bei Rechtswidrigkeit bereits Vermögensverfügung und Vermögensschaden entfallen. Darin liegt ein Kritikpunkt, auf den die Vertreter des wirtschaftlichen Vermögensbegriffs hinweisen.

Vertiefungsfundstelle: *Kargl*, JA 2001, 714; *Otto*, Jura 1993, 424

Näheverhältnis
beim Dreiecksbetrug

§ 263 I StGB setzt zwingend eine **Identität von Verfügendem und Getäuschtem** voraus, nicht jedoch von Verfügendem und Geschädigtem. Allerdings ist § 263 StGB kein mittelbares Fremdschädigungsdelikt, sondern ein **Selbstschädigungsdelikt**. Es liegt daher nur vor, wenn die Vermögensverfügung des Dritten dem Geschädigten **zugerechnet** werden kann.

Streitstand  **Umstritten ist, welche Maßstäbe für die Zurechnung der Vermögensverfügung gelten.**

a) Theorie der rechtlichen Befugnis

Teilweise werden nur solche Handlungen dem Vermögensträger als Selbstschädigung zugerechnet, zu denen der Dritte **rechtlich ermächtigt** war.

Argument:

- Nur **rechtliche** Befugnisse und Ermächtigungen ermöglichen die im Strafrecht notwendigen **klaren Abgrenzungen**, die insbesondere die „Lagertheorie" nicht zu leisten vermag (Stichwort: *Rechtssicherheit*).

b) Lagertheorie

Überwiegend wird darauf abgehoben, ob der Weitergebende in einer **Obhutsbeziehung** zur konkreten Sache stand.

Argumente:

- Die Zurechnung von Drittverfügungen an rechtliche Befugnisse und Ermächtigungen zu knüpfen, ist nicht überzeugend, weil Gewahrsam und Verfügung i.S.d. Betrugstatbestandes **faktischer Natur** sind (Stichwort: *faktische Repräsentation*).

- Der Grund für die Zurechnung von Drittverfügungen im Strafrecht liegt in der **Nähebeziehung** zum Geschädigten und den **tatsächlichen Einwirkungsmöglichkeiten** auf dessen Vermögen. Dafür kommt es auf eine wertende Betrachtung an, ohne dass die strengen Voraussetzungen rechtlicher Befugnisse erfüllt sein müssen.

- Bei der Zurechnung geht es häufig um die Abgrenzung zwischen Dreiecksbetrug und Diebstahl in mittelbarer Täterschaft: Dann geht es um die Frage, ob der Verfügende **besseren Zugriff auf das Opfervermögen hatte im Vergleich zum Außenstehenden**.

Hinweise

- Die von der überwiegenden Auffassung vertretene Lagertheorie ist um einen weiteren Aspekt zu präzisieren: Der verfügende Dritte muss **in dem Bewusstsein** handeln, im konkreten Fall zu der Verfügung legitimiert zu sein. Nur dann kann eine Zurechnung erfolgen, andernfalls er seine Obhutsstellung verlässt und gerade nicht mehr als Repräsentant des Vermögensinhabers handelt. (Bei der **Dreieckserpressung** hingegen wird auf das Bewusstsein des Genötigten, zur Vermögensverfügung berechtigt zu sein, gerade wieder verzichtet, da der Genötigte eine entsprechende Vorstellung – anders als der Getäuschte – regelmäßig nicht hat.).

- Umstritten ist, ob beim redlichen Erwerb beweglicher Sachen der gutgläubige Erwerber in einer **Nähebeziehung zum ehemaligen Eigentümer kraft Gesetzes (§ 932 I 1 BGB)** steht. Dann könnte man einen Betrug gegenüber dem Erwerber und zu Lasten des ehemaligen Eigentümers annehmen.

  o Dafür wird vorgetragen, dass bereits die **Wirksamkeit** der Verfügung des Täters es erlaube, sie im Rahmen des Betrugs dem geschädigten ehemaligen Eigentümer zuzurechnen.

  o Dagegen findet sich überwiegend der Hinweis, dass **Rechtsscheinregeln nur dem Verkehrsschutz dienen** und keine rechtliche oder faktische Nähebeziehung zwischen Erwerber und Geschädigtem konstituieren. Allein darauf komme es an, so dass Betrug ausscheide.

- In **Abtretungsfällen** verschiebt sich die Diskussion leicht: Leistet der redliche Schuldner an den nicht mehr berechtigten Altgläubiger der zedierten Forderung, wird er gemäß § 407 BGB frei.

  o Hier nimmt jedenfalls die Rechtsprechung **Dreiecksbetrug** an (gutgläubige Zahlung an Altgläubiger als Verfügung über Forderung des Neugläubigers). Dafür spricht, dass durch die Abtretung bereits vor Verfügung ein **Schuldverhältnis** zwischen Neugläubiger und Schuldner bestand.

  o Dagegen wird vorgetragen, dass § 407 BGB ebenso wenig eine Nähebeziehung zwischen Schuldner und Neugläubiger begründe, wie es § 932 BGB vermag. Ein **Ungleichbehandlung von Sach- und Forderungsbetrugs sei abzulehnen.**

Beim **Eingehungsbetrug** (Täuschung bei Vertragsschluss) kommt es für die Schadensermittlung auf einen Vergleich der einander **gegenüberstehenden Ansprüche** an. Beim **echten Erfüllungsbetrug** (Täuschung bei Vertragsabwicklung) werden geschuldete und tatsächlich erbrachte Leistung verglichen. Beim **unechten Erfüllungsbetrug** täuscht der Täter bei Vertragsschluss werterhöhende Eigenschaften der Sache vor: Der Täter verkauft einen Ring und spiegelt vor, dieser sei aus Silber. Tatsächlich ist er aus Stahl. Der vereinbarte Kaufpreis entspricht aber dem Marktpreis eines Stahlrings. Hier *fehlt es an einem Eingehungsschaden*, da der Getäuschte sogar um einen Anspruch auf eine höherwertige Leistung bereichert ist. Dann kommt es unter Fortwirkung der Täuschung zum Austausch der vertraglich geschuldeten Leistungen: Stahlring gegen angemessenen Kaufpreis.

 **Streitstand** ⇨ | **Umstritten ist, ob ein Erfüllungsschaden vorliegt.**

Das hängt davon ab, welche Positionen miteinander verglichen werden.

a) Zivilrechtsunabhängige Lösung

Überwiegend wird im Stadium der Erfüllung ein objektiver **Wertvergleich der ausgetauschten Leistungen** vorgenommen (Stahlring und Kaufpreis). Da diese gleichwertig sind, scheide ein Vermögensschaden aus.

Argument:

- Kausal- und Erfüllungsgeschäft sind eine **wirtschaftliche Einheit**: Im Ergebnis ist kein Minussaldo im Vermögen des Käufers entstanden, weil ihm bei Erfüllung nur das genommen wird, worum er bei Abschluss des Vertrages reicher geworden war (Stichwort: *Gesamtbetrachtung*).

b) Zivilrechtsakzessorische Lösung

Teilweise wird ein **Erfüllungsschaden bejaht**, weil die gelieferte Ware (Stahlring) mit dem schuldrechtlichen Anspruch (Silberring) zu vergleichen sei (Stichwort: *Maßgeblichkeit der Parteivereinbarung*).

Argumente:

- Durch Abschluss des Vertrages erwirbt der Käufer einen **Anspruch** auf die Leistung mit den vorgespiegelten werterhöhenden Eigenschaften (Stichwort:

werthaltiger Anspruch). Entspricht die gelieferte Sache dem Anspruch nicht, liegt ein Schaden in Höhe der Wertdifferenz vor.

- Die Betrugsstrafbarkeit kann nicht vom Zeitpunkt der Täuschungshandlung abhängen: Bei Täuschungen bei Vertragsschluss läge Straflosigkeit vor, während nachträgliche Manipulationen als echter Erfüllungsbetrug strafbar wären (Stichwort: *Zufälligkeit des Täuschungszeitpunkts*).

Vertiefungsfundstelle

Seyfert, JuS 1997, 29

Vor allem in Fällen des Spenden- oder Bettelbetrugs ergibt sich das Sonderproblem der bewussten Selbstschädigungen: Umstritten ist, ob

Streitstand  **§ 263 I StGB voraussetzt, dass die schadensbegründende Wirkung der Verfügung infolge Täuschung dem Betroffenen verborgen bleibt.**

a) Theorie vom Ärmerwerden

Vereinzelt wird ein Schaden schon dann bejaht, wenn denn Täuschung und Irrtum zu einem **wirtschaftlichen „Ärmerwerden"** führen.

Argumente:

- Ein Vermögensschaden erleidet, wer täuschungsbedingt **Vermögenswerte weggibt** (Stichwort: *kein wirtschaftliches Äquivalent*).

- Dagegen kann nicht eingewandt werden, dass so nur die Beeinträchtigung der Dispositionsfreiheit als Betrug bestraft wird, denn das wäre allenfalls bei vermögensneutralem Handeln der Fall.

b) Ablehnende Theorie

Vereinzelt wird eine Betrugsstrafbarkeit bei bewusster Selbstschädigung **ganz ausgeschlossen.**

Argument:

- Wer weiß, dass er sich selbst schädigt, der wurde **nicht in betrugsrelevanter Weise** getäuscht. Es **fehlt** auch an einem **Irrtum über die Vermögensschädlichkeit** der Verfügung. Bereits mangels Täuschung und Irrtum scheidet § 263 I StGB aus.

c) Zweckverfehlungslehre

Ganz überwiegend wird eine zwischen den beiden Extrempositionen **vermittelnden Lösung** für richtig gehalten. Die **Zweckverfehlungslehre ist also ein Kompromiss.** Ihr liegt folgender Gedankengang zu Grunde:

Herleitung:

- Die Theorie vom „Ärmerwerden" überzeugt nicht, weil nicht jede täuschungsbedingte unausgeglichene Vermögenshingabe als Betrug strafbar ist; andernfalls würde der Schutz der Dispositionsfreiheit bei § 263 I StGB dominieren. Aus kriminalpolitischen Gründen ist es auch nicht akzeptabel, alle täuschungsbedingten, aber bewussten einseitigen Vermögensminderungen aus der Betrugsstrafbarkeit herauszunehmen. (Stichwort: *Extrempositionen mit Mängeln*).

- Dennoch ist im Grundsatz daran festzuhalten, dass **bewusste Selbstschädigungen von § 263 I StGB nicht erfasst** sind (Stichwort: *Lehre von der unbewussten Selbstschädigung*). Der Grund dafür ist, dass in diesem Fall die Täuschung ihre Funktion verfehlt hat, dem Opfer die Vermögensminderung zu verschleiern; ein Motivirrtum ohne Schadensbezug ist grundsätzlich nicht betrugsrelevant.

- **Ausnahmsweise** gilt dies aber nicht, wenn das Opfer mit der Verfügung bestimmte **wirtschaftliche oder soziale Zwecke** verfolgt hat, und diese täuschungsbedingt **verfehlt** wurden. Konstruktiv werden 2 Modelle vorgeschlagen:

  o Das **Kompensationsmodell** sieht in der Zweckerreichung einen **sinnhaften Gegenwert**, der die Vermögensminderung rechtlich ausgleiche. (Resultat: *kein Vermögensschaden*).

  o Die **funktionale Schutzzwecklehre** nimmt zwar einen Vermögensschaden an, verneint aber den funktionalen Zusammenhang zwischen Irrtum, Verfügung und Schaden, wenn dem Verfügenden wenigstens die Zweckverfehlung verborgen bleibt.

Hinweise

- Welche Zwecke Betrugsrelevanz haben, ist unklar. Überwiegend findet sich eine Beschränkung auf **objektivierbare und sinnvolle Zwecke**: Schaffung ökonomischer Werte oder Verbesserung des menschl. Zusammenlebens.

- Umstritten ist, ob die grundsätzlich überwiegend für richtig gehalten soziale Zweckverfehlungslehre auch Anwendung finden kann, wenn **Leistung und Gegenleistung ausgeglichen** sind.

  o Vereinzelt wird die Zweckverfehlungslehre auch bei ausgeglichenen Geschäften für anwendbar gehalten. Die Vereitelung eines verfolgten Zwecks stelle eine Vermögensbeschädigung dar.

  o Überwiegend wird die Zweckverfehlungslehre bei wirtschaftlich ausgeglichenen Geschäften für unanwendbar gehalten. Andernfalls wäre der strafrechtliche Vermögensbegriff von seiner wirtschaftlichen Grundlage völlig gelöst, und jeder Motivirrtum wäre betrugsrelevant. Ein Schaden komme nur im Ausnahmefall nach den **Grundsätzen des persönlichen Schadenseinschlags** in Betracht

Das dritte Handlungsmerkmal in § 263a I StGB ist die **unbefugte Verwendung von Daten**. Im Unterschied zu den Fällen 1 und 2 der Norm müssen die Daten im Fall 3 weder unrichtig noch unvollständig sein. Ein Täuschungselement liegt hier aber in der fehlenden Befugnis des Täters, die Daten zu verwenden.

Streitstand ⇨  **Wie das Merkmal „unbefugt" genau auszulegen ist, ist jedoch umstritten.**

a) Subjektivierende Auslegung

Teilweise wird jede Handlung für unbefugt gehalten, die dem ausdrücklichen oder mutmaßlichen **Willen des Computerbetreibers zuwider** läuft.

Argument:

- Das Merkmal ist wörtlich zu verstehen (Stichwort: *Wortlaut*). Außerdem hat diese Auslegung den Vorzug besonderer **Klarheit und Einfachheit**.

c) Betrugsnahe Auslegung

Überwiegend wird für richtig gehalten, als unbefugt nur **täuschungsgleiche Einwirkungen** auf den Datenverarbeitungsvorgang zu qualifizieren. Die Verwendung der Daten müsse **gegenüber einem gedachten Menschen** zumindest die schlüssige **Vorspiegelung der Befugnis** enthalten.

Argumente:

- § 263a StGB ergänzt § 263 StGB, wo Betrug mit seinen personenbezogenen Merkmalen wie Täuschung, Irrtum und Vermögensverfügung nicht einschlägig ist, weil Computermanipulationen zu beklagen sind. **Sinn, Zweck und Systematik** legen deshalb eine betrugsnahe Auslegung nahe.

- Der Weite der subjektivierenden Auslegung von § 263a I, Fall 3 StGB entspricht **kein kriminalpolitisches Bedürfnis**. Sie ist daher abzulehnen.

Hinweise

- Eine dritte Auslegungsvariante des Merkmals „unbefugt" wird vielfach **„computerspezifisch"** genannt. Was das heißen soll, wird aber selten dargetan. Diese Spielart dürfte jedoch in den folgenden Erwägungen der überwiegenden Auffassung aufgehen:

- Innerhalb der überwiegenden Auffassung ist nämlich umstritten, **wann eine Datenverwendung Täuschungsqualität hat**. Das hat praktische Relevanz vor allem beim **Bankomatenmissbrauch**: Anerkannt ist, dass die Abhebung von Geld mit einer unechten oder durch **verbotene Eigenmacht** erlangten Geldkarte als Computerbetrug strafbar ist. Schwieriger ist das Merkmal „unbefugt" beim Missbrauch durch den berechtigten Karteninhaber (Stichwort: **Kontoüberziehung**) zu beurteilen. Hinsichtlich der Täuschungsäquivalenz sieht das Meinungsbild so aus:

- o Teilweise wird mit einem **fiktiven Bankangestellten** statt des Automaten operiert: Strukturgleichheit mit § 263 StGB sei bereits gegeben, wenn der Täter durch sein Verhalten schlüssig vorspiegelt, das Konto sei gedeckt. Der Erklärungswert sei: **„Das Konto ist gedeckt."**

- o Diese Sichtweise hat der Bundesgerichtshof verworfen und betont, dass eine Vergleichbarkeit mit einem fiktiven Schalterangestellten nur für solche Fragen angenommen werden könne, **die auch der Bankomat überprüft.** Das sei aber jedenfalls hinsichtlich der Bonität des Karteninhabers nicht der Fall, weil der Bankautomat nur die Einhaltung des Verfügungsrahmens der verwendeten Karte kontrolliere. Der Erklärungswert sei nur: **„Ich darf eine Codekarte für das Konto verwenden."** Demnach müsse § 263a I, Fall 3 StGB für den Karteninhaber ausscheiden. (s. ferner u. STREITSTAND 79).

- • Beim systematischen **Leerspielen von Geldspielautomaten** stellt sich zunächst die umstrittene Frage, was unter „Verwendung von Daten" i.S.v. **§ 263a I, Fall 3 StGB** zu verstehen ist. (Technisch funktioniert das Leerspielen so, dass der Täter Kenntnis vom Programmablauf hat und deshalb durch gezieltes Drücken der „Risikotaste" den Geldspielautomaten so steuern kann, dass er gewinnt.).

  - o Teilweise wird vertreten, dass **jede (Be-)Nutzung von Daten im weitesten Sinne genüge**, also bereits die Programmkenntnis, selbst wenn unmittelbar auf den Geldspielautomaten nur durch Drücken der Risikotaste eingewirkt wird.

  - o Überwiegend ist man jedoch der Auffassung, dass eine **Eingabe von Daten in den Datenverarbeitungsprozess erforderlich sei**. Nur dann kann der Computer sie verarbeiten und ein Ergebnis aus ihnen produzieren. Deshalb kommt allein § 263a I, **Fall 4 StGB** in Betracht. Das Drücken der Risikotaste ist eine Einwirkung auf den Programmablauf. War sie unbefugt? Nach subjektivierender Auslegung: ja, denn der Aufsteller wollte Personen mit Kenntnis vom Programmablauf von der Benutzung ausschließen. Nach betrugsnaher Auslegung: wohl auch ja, denn der Spieler täuscht über die Geschäftsgrundlage der Automatenbenutzung, zu der gehört, dass er keine Kenntnis vom Programmablauf hat.

Erschleichen einer Beförderung i.S.v. § 265a I StGB durch unauffälliges Verhalten

„Erschleichen" setzt ein **ordnungswidriges Verhalten** voraus, mit dem sich der Täter unentgeltlich die Leistung oder den Zutritt verschafft. Weder Einschleichen noch Täuschungshandlungen sind erforderlich.

Streitstand ⇨ **Die weitere Präzisierung des Merkmals ist jedoch umstritten.**

a) Theorie vom Anschein der Ordnungsgemäßheit

Die Rechtsprechung lässt ein **äußerlich unauffälliges Verhalten des Täters genügen**, um ein Erschleichen anzunehmen.

Argumente:

- Das Merkmal „Erschleichen" erschöpft sich in der **heimlichen unbefugten Erlangung** der Leistung. Weitere Einschränkungen gebietet **weder der Wortlaut der Strafnorm noch die Verfassung**.

- Während bei Veranstaltungen i.S.v. § 265a I, Fall 4 StGB Kontrollmaßnahmen üblich sind, sind sie es bei Beförderungen gerade nicht. Daher ergibt sich auch eine differenzierende Auslegung (Stichwort: *Unterschiede Veranstaltung / ÖPNV*).

b) Restriktive Theorie

„Erschleichen" setzt nach der inzwischen überwiegenden Auffassung voraus, dass der Täter **Kontrollmaßnahmen umgeht** oder ausschaltet (Stichwort: *manipulatives äußeres Verhalten*).

Argumente:

- Das Merkmal „Erschleichen" setzt nach seinem Wortsinn eine betrugsähnliche Handlung voraus. Diese *täuschungsähnlich einschränkende* Auslegung führt dazu, dass bloß unbefugte Inanspruchnahme nicht tatbestandsmäßig ist (Stichwort: *Betrugsnähe*).

- Auch in den **anderen Alternativen** von § 265a I StGB wird eine *täuschungsähnliche Handlung* oder die Umgehung von Sicherungsvorkehrungen verlangt (Stichwort: *systematischer Zusammenhang Tatbestandsalternativen*).

- Bloß sozialadäquates Verhalten ist nicht geeignet, die von Art. 103 II GG gebotene tatbestandliche Selektion zu leisten (Stichwort: *Beschreibung Unrechtstyp im Tatbestand*).

Anerkannt ist, dass bei einer Erpressung Genötigter und Geschädigter nicht personenidentisch sein müssen: Bei Dreieckserpressungen verfügt der Genötigte über Drittvermögen. Jedoch kann nicht jedes einem Dritten abgenötigte vermögensschädigende Verhalten die Strafbarkeit nach § 253 StGB auslösen. Die daraus resultierende Zurechnungsproblematik stellt sich bei der Dreieckserpressung im Vergleich zum Dreiecksbetrug wegen der unterschiedlichen Tatsituationen bei betrügerischer und erpresserischer Schädigung in modifizierter Form. Im sogenannten **Schädigungsdreieck** ist sehr umstritten

 **Streitstand** ⇨ **welche Anforderungen an das Näheverhältnis zwischen Genötigtem und Geschädigten zu stellen sind.**

a) Lagertheorie

Überwiegend wird vertreten, dass der Verfügende **im Lager (= auf der Seite)** des Geschädigten stehen müsse; dessen Vermögensinteressen dürften ihm nicht völlig gleichgültig sein. Dies gelte insbesondere, solange für §§ 253, 255 StGB keine Vermögensverfügung verlangt wird, denn dann komme es für die Dreieckserpressung jedenfalls weder auf eine rechtliche Befugnis noch auf ein Herrschaftsverhältnis an.

b) Modifizierte Befugnistheorie

Teilweise wird die Befugnistheorie mit der Modifikation aufrechterhalten, dass es auf ein *mutmaßliches Einverständnis* des Geschädigten mit dem Verhalten des Verfügenden ankomme.

c) Näheverhältnis kraft potentieller Schutzbereitschaft

Nach anderer Auffassung soll die Erpressung vor allem einen **Freikaufcharakter** haben, der auch im Dreiecksverhältnis erkennbar sein müsse. Das setze voraus, dass das Übel, welches den Genötigten zur Verfügung über das Drittvermögen bewogen hat, **auch für den Dritten ein solches Übel bedeute**, das ihn zur Handlung bewogen hätte (Stichwort: *Opfergemeinschaft*).

Hinweis

Zum auch bei Erpressungen möglichem Nötigungsdreieck s.o. STREITSTAND 59.

Vertiefungsfundstelle: *Ingelfinger*, JuS 1998, 531 (537f.).

Vermögensverfügung als ungeschriebenes Tatbestandsmerkmal der Sacherpressung

Das Verhältnis von Raub, § 249 StGB, und räuberischer Erpressung, § 255 StGB, wird unterschiedlich beurteilt. Anerkannt ist jedoch, dass die Wegnahme beim Raub eine Gewahrsams**verschiebung** voraussetzt. Uneinigkeit besteht hingegen, wann diese **als Bruch** qualifiziert werden kann. Das hängt von der Frage ab, wann ein **wirksames Einverständnis** in die Gewahrsamverschiebung vorliegt. Sie kann nicht isoliert aus „Raubperspektive" beantwortet werden: Vielfach wird nämlich vertreten, dass das Einverständnis mit der Wegnahme von einer Vermögensverfügung der räuberischen Erpressung trennscharf abzugrenzen sei. Deshalb muss mit in den Blick genommen werden, ob überhaupt

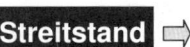 **Streitstand** ⇨ die räuberische Erpressung ein ungeschriebenes Tatbestandsmerkmal „Vermögensverfügung" voraussetzt. Diese Frage ist umstritten.

a) Verfügungstheorie

Im Schrifttum wird vielfach für die §§ 253, 255 StGB in den Fällen der **Sacherpressung** verlangt, dass der Vermögensschaden **auf einer Vermögensverfügung des Opfers** beruht.

Argumente:

- Die Erpressung ist ebenso wie der Betrug ein **Selbstschädigungsdelikt**. Um diesem Charakter Rechnung zu tragen, muss der Vermögensschaden auf einer **selbstschädigenden Verfügung** des Opfers beruhen (Stichwort: *Betrugsparallele*).

- Nach der gesetzlichen Konzeption sind Gebrauchsanmaßung (§ 248b StGB), Pfandkehr (§ 289 StGB) oder die Wegnahme herrenloser Sachen in Zueignungsabsicht gegenüber Diebstahl **privilegiert**. Mangels Diebstahlsstrafbarkeit scheidet in diesen Fällen auch bei Einsatz qualifizierter Nötigungsmittel insbesondere eine Raubstrafbarkeit aus. Durch den Rückgriff auf § 255 StGB und die dadurch verwirkte Raubstrafe wird diese Abstufung eingeebnet (Stichwort: *Einebnung von Wertungsstufen*).

- Wer bei räuberischer Erpressung auf eine Vermögensverfügung des Opfers verzichtet, macht den **Raub praktisch überflüssig**, weil immer gleichzeitig auch räuberische Erpressung vorliegt. Es wäre dann aber außerdem eine **systematische Ungereimtheit**, dass das allgemeine Delikt, § 255 StGB, auf die Rechtsfolgen des speziellen Delikts Raub verweist.

b) Verfügungsablehnende Theorie

Nach der Rechtsprechung und einer im Vordringen begriffenen Meinungsgruppe im Schrifttum ist der Wortlaut der §§ 253, 255 StGB auch in den Fällen der Sacherpressung **nicht ergänzungsbedürftig**. Eine Wegnahme i.S.v. § 249 StGB liege vor, wenn nach dem äußeren Erscheinungsbild der Täter die Sache an sich nimmt (Stichwort: *äußerliches Nehmen*), er also den Gewahrsamswechsel selbst vollzieht; sie scheidet hingegen aus, wenn das Opfer nach dem äußeren Erscheinungsbild die Sache weggibt (Stichwort: *äußerliches Geben*).

Argumente:

- Der **Wortlaut** von §§ 253, 255 StGB lässt von einer spezifischen Vermögensverfügung nichts erkennen. Auch ist **für eine Exklusivität** zwischen Raub und räuberischer Erpressung **kein Anhaltspunkt** erkennbar. Vielmehr ist im Überschneidungsbereich § 249 StGB *lex specialis*.

- Die **These vom Selbstschädigungsdelikt** ist nicht begründet. Insbesondere trägt die Parallele zu § 263 StGB nicht, denn von einer freiwilligen und unbewussten Selbstschädigung kann bei der Erpressung angesichts der Nötigungsmittel nicht ausgegangen werden.

- *Vis absoluta* als Mittel der räuberischen Erpressung auszuscheiden, überzeugt weder wertungsmäßig, noch mit Blick auf den identischen **Wortlaut in § 240 I StGB**, wo *vis absoluta* anerkanntermaßen tatbestandsmäßig ist.

- Die **Privilegierungen** des *furtum usus* und der §§ 248b, 289 StGB sind rechtspolitisch zweifelhaft und **wirken eher zufällig**, als dass man ein abgestuftes System von Wertungsstufen erkennen könnte. Jedenfalls gelten sie nur für eine Begehung ohne qualifizierte Nötigungsmittel.

- Es ist nicht richtig, dass jeder Raub zugleich eine räuberische Erpressung sein würde, wenn auf die Vermögensverfügung verzichtet wird. Die **Wegnahme wertloser Sachen** etwa ist mangels Vermögensschaden nur als Raub strafbar.

- Unter dem Gesichtspunkt der **Praktikabilität** verdient die Abgrenzung im Überschneidungsbereich nach dem äußeren Tatbild den Vorzug.

Hinweis

Ob eine Vermögensverfügung auch bei der **Forderungserpressung** erforderlich ist, wird von den Vertretern der Verfügungstheorie kontrovers beurteilt, weil eine Abgrenzung zum Raub mangels Sachqualität des Objekts nicht nötig ist.

Vertiefungsfundstelle: *Geppert/Kubitza*, Jura 1985, 276

Wenn man mit vielen Stimmen im Schrifttum als ungeschriebenes Tatbestandsmerkmal der Erpressung eine Vermögensverfügung fordert,

Streitstand ⇨ **ergibt sich die Streitfrage, wie diese inhaltlich beschaffen sein muss, um von der Wegnahme trennscharf abgegrenzt zu werden.**

a) Theorie von der Willensrichtung des Opfer

Überwiegend wird vertreten, dass Wegnahme vorliege, wenn es aus der Sicht des Opfers gleichgültig ist, wie es sich verhält, weil die Sache nach seiner Vorstellung unabhängig von seinem Verhalten dem Zugriff des Täters preisgegeben ist (Stichwort: *„Widerstand ist zwecklos"*). Eine Vermögensverfügung liege vor, wenn der Genötigte seine Mitwirkung als für den Gewahrsamswechsel notwendig hält (Stichwort: *subjektive Schlüsselstellung*).

Argument:

- Die inhaltliche Beschaffenheit der Vermögensverfügung richtet sich nach deren Zweck, den **Selbstschädigungscharakter der Erpressung zu erhalten.** Daher muss das Opfer seine Mitwirkung noch als **notwendig** ansehen, weil es dann **seine** Entscheidung ist, ob der Schaden eintritt oder nicht.

b) Theorie von der faktischen Freiwilligkeit

Teilweise wird auf ein faktisches, wenn auch erzwungenes, **Einverständnis** abgestellt. Das **äußerliche Geben** könne als Indiz für eine Vermögensverfügung gelten, unwillentliches Nehmenlassen spreche dagegen.

Argument:

- Auch wenn wegen des erheblichen Zwanges bei der Erpressung nicht wie beim Betrug auf die Freiwilligkeit abgestellt werden kann, so kommt es doch auf die **(faktische) Willentlichkeit** der Gewahrsamsübertragung an.

Hinweis

Bei der Vermögensverfügung i.R.v. § 255 StGB ist umstritten, ob am **Unmittelbarkeitserfordernis** der Vermögensminderung festgehalten werden soll. Führt das Opferverhalten noch nicht unmittelbar zur Gewahrsamsverschiebung, sondern nur zur Gewahrsamslockerung, z.B. weil nur das Versteck der Beute preisgegeben wurde, wird § 255 StGB häufig abgelehnt.

- Dafür wird vorgetragen, dass die **Parallelität des Verfügungsbegriffs** zu § 263 StGB aufrechterhalten werden soll.

- Andere betonen, dass ein erpresserisch erzwungenes Einverständnis mit der Gewahrsamslockerung **zugleich** das unfreiwillige **Einverständnis in die vollständige Gewahrsamsverschiebung enthalte**, selbst wenn diese erst durch den Täter herbeigeführt werden soll. Darin liege ein Unterschied zum Betrug, wo ein erschlichenes Einverständnis noch keine bewusste Verfügung i.S. einer Gewahrsamverschiebung enthalte. Deswegen komme es bei der Erpressung **auf die Unmittelbarkeit nicht an.**

- Teilweise wird auch zwar am Unmittelbarkeitskriterium **festgehalten**, allerdings in der Preisgabe des Verstecks bereits eine schadensgleiche konkrete Vermögensgefährdung gesehen. Dies wird als Umgehung des Unmittelbarkeitskriteriums wiederum kritisiert.

Vertiefungsfundstelle

Küper, Strafrecht Besonderer Teil, Stichwort: „Vermögensverfügung (Erpressung).

Während die frühere Fassung des § 239a/b StGB eine **Dreiecksstruktur**, nämlich einen Täter, Entführten und Genötigten, voraussetzte, kann der **Nötigungsadressat nunmehr auch allein die entführte Person selbst** sein. Daraus folgt, dass Sachverhalte, die bislang allein gemäß §§ 253, 255 oder 177 StGB strafbar waren, auch dem Wortlaut des § 239a/b I StGB unterfallen können. Deshalb ist umstritten,

Streitstand ⇨ **ob und inwieweit der Tatbestand des § 239a/b I StGB in Zwei-Personenverhältnissen einer einschränkenden Auslegung bedarf.**

a) Theorie von der stabilisierten Bemächtigungslage

Rechtsprechung und ganz überwiegendes Schrifttum befürworten eine **restriktive Auslegung** von § 239a/b I StGB in Zwei-Personenverhältnissen. Danach müsse der Täter beabsichtigen, die durch das Sichbemächtigen geschaffene Zwangslage des Opfers zu einer weiteren Nötigung durch qualifizierte Drohung **auszunutzen**. Um die Lage tatsächlich ausnutzen zu können, sei eine **gewisse Stabilisierung** derselben erforderlich. Daran fehle es, wenn die weitere qualifizierte Drohung zugleich dazu diene, sich des Opfers zu bemächtigen. Der **Bemächtigungssituation müsse eigenständige Bedeutung** zukommen.

Argumente:

- Die weite Vorverlagerung der Vollendungsstrafbarkeit bei § 239a/b I StGB ist zu begrenzen, damit der eigentliche Unrechtskern der typischen Fälle von Vergewaltigung und räuberischer Erpressung nicht auf das **bloße Vorbereitungsdelikt** § 239a/b I StGB verschoben wird (Stichwort: *keine Verschiebung 177, 255 nach 239a/b*).

- Da § 239a/b StGB bereits **im Vorbereitungsstadium der Erpressung vollendet** ist, würde dem Täter in diesen Fällen auch die Möglichkeit eines Rücktritts abgeschnitten (Stichwort: *Rücktrittmöglichkeiten erhalten*).

- Das besonders hohe Mindeststrafmaß in § 239a/b I StGB **verlangt eine restriktive Auslegung** des Tatbestands, insbesondere in Abgrenzung zu §§ 177, 255 StGB (Stichwort: *hoher Mindeststrafrahmen*).

b) Restriktionsablehnende Lösung

Nur vereinzelt wird eine restriktive Auslegung des subjektiven Tatbestandes von § 239a/b I StGB im Ergebnis **nicht befürwortet**.

- In Zwei-Personen-Verhältnissen kann der Tatbestand nicht anders ausgelegt werden als in Drei-Personen-Verhältnissen (Stichwort: *Allgemeinheit der Tatbestandsauslegung*). Nun ist aber der **Banküberfall mit Kundenbedrohung** der typische Anwendungsfall von § 239a I StGB, obwohl dort keine stabilisierte Bemächtigungslage vorliegt. Deshalb liegt es näher, auch in 2-Personen-Verhältnissen auf eine einschränkende Auslegung zu verzichten (Stichwort: *Gleichbehandlung*).

- Die Restriktion überzeugt auch deshalb nicht, weil sie den **besonders brutal vorgehenden Täter**, der mit der Bemächtigungshandlung von vornherein zugleich qualifizierte Drohungen einsetzt, **privilegiert** (Stichwort: *Privilegierung besonders brutaler Täter unangemessen*).

Hinweise

- Die Tatbestandseinschränkung der „stabilen Bemächtigungssituation" ist **im subjektiven Tatbestand** vorzunehmen, da objektiv ein Sich-Bemächtigen regelmäßig vorliegt, der Täter aber darüber hinaus mit der **Absicht** handeln muss, diese Situation **auszunutzen** (Stichwort: *Ausnutzungsabsicht = dogmatischer Ansatzpunkt*).

- Ob eine stabilisierte Zwangslage vorliegt, kann durch die **Frage überprüft** werden, ob die Bemächtigungslage bestehen bliebe, wenn die angestrebte Erpressungs- oder Nötigungshandlung entfiele (Stichwort: *Kontrollfrage*). Falls ja, kommt ihr keine eigenständige Bedeutung zu.

Vertiefungsfundstelle

Küper, Strafrecht Besonderer Teil, Stichwort: „Sich-Bemächtigen"

Das Euroschecksystem wurde zum 31.12.2001 eingestellt. Seitdem sind ec-Karten mangels garantierten Einlösebetrags nur noch Zahlungskarten i.s.v. § 152a IV StGB. § 266b I, Fall 1 StGB hat insoweit keinen Anwendungsbereich mehr.

Allerdings kann die Scheckkarte **durch den Berechtigten** auch als Codekarte zur Abhebung an Bankautomaten verwendet werden. Ist das **Konto nicht gedeckt**, stellt sich zunächst die umstrittene Frage, ob Computerbetrug vorliegt (s.o. STREITSTAND 73). Soweit § 263a StGB für nicht anwendbar gehalten wird, stellt sich die Frage des **Scheckkartenmissbrauchs.** Weitgehend anerkannt ist, dass § 266b I, Fall 1 StGB **nicht bei vertragswidrigen Barabhebungen am Automaten der Ausstellerbank der Karte** in Betracht kommt. Zur Begründung wird darauf hingewiesen, dass die Karte in diesem Fall ausschließlich als Codekarte und damit **als „Schlüssel"** zur Öffnung des Kontos benutzt werde. Bei § 266b StGB komme es aber auf das Vorliegen einer **Garantie** des Kartenausstellers gegenüber einem Dritten an (**vgl. Wortlaut:** „den Aussteller zu einer Zahlung zu veranlassen"). Daran fehle es ersichtlich.

 **Streitstand** ⇨ | Umstritten ist, ob § 266b I StGB bei Missbrauch der Scheckkarte zur Bargeldabhebung an Automaten fremder Kreditinstitute eingreift.

a) Theorie vom Scheckkartenmissbrauch

Nach teilweise vertretener Auffassung und neuer BGH-Rechtsprechung ist in diesem Fall Scheckkartenmissbrauch, § 266b I, Fall 1 StGB, **zu bejahen.**

Argumente:

- Die automatenbetreibenden Geldinstitute haben Rückforderungen von Auszahlungen an Fremdkunden bei mangelnder Kontodeckung untereinander bis zu einem Höchstbetrag ausgeschlossen. Die für § 266b StGB tatbestandstypische **Garantiefunktion wird deshalb beansprucht,** weil die **Einlösungsgarantie** des ausstellenden Geldinstituts missbraucht wird (Stichwort: *Einlösegarantie unter Banken*).

- Auch liegt ein 3-Personen Verhältnis vor, so dass der Zweck von § 266b StGB, **Schutz des bargeldlosen Zahlungsverkehrs**, einschlägig ist (Stichwort: *Schutzzweck einschlägig*).

- Nach der Gegenansicht hat § 266b I, Fall 1 StGB seit 1.1.2002 mit Abschaffung der Euro-Schecks gar keine Bedeutung mehr. Jedoch hat der Gesetzgeber die Vorschrift bislang nicht aufgehoben. Auch deshalb ist eine

Auslegung vorzugswürdig, die ihr einen Anwendungsbereich belässt (Stichwort: *Bedeutungslosigkeit vermeiden*).

b) Ablehnende Auffassung

Teilweise wird Scheckkartenmissbrauch auch in diesem Fall **abgelehnt**.

Argument:

- Die Auszahlung des Geldes an Fremdautomaten erfolgt nicht aufgrund einer Garantie der kartenausstellenden Bank, sondern erst nach erfolgter Online-Überprüfung der Karte. Die erst nach Freigabe im Einzelfall eintretende Garantiewirkung genügt für § 266b I, Fall 1 StGB nicht (Stichwort: *keine Garantie bei Einzelfallprüfung*).

Hinweis

Um den Komplex des **Kartenmissbrauchs durch den berechtigten Inhaber** aus dem Bereich des § 263a StGB auszuschließen, weist die Rechtsprechung darauf hin, dass (privilegiertes) untreueähnliches Unrecht vorliege. Damit sei § 266b StGB *lex specialis* gegenüber § 263a StGB. Konsequenz der Rechtsprechung ist, dass der am Automaten der Ausstellerbank der Karte Abhebende **straflos** bleibt, da auch §§ 242, 246 StGB mangels Fremdheit des Geldes (die Übereignung ist wirksam) ausscheiden.

Vertiefungsfundstellen

Fischer, StGB (2011), § 266b Rn. 6ff.
Zöller, Jura 2003, 637

Hehlerei und Vortat stehen in einem spezifischen zeitlichen Verhältnis zueinander. Es ist umstritten, ob die

 Streitstand ⇨ **Erlangung d. Hehlereiguts u. die Anschlusstat des Hehlers zeitlich zusammenfallen dürfen.**

a) Sukzessivitätstheorie

Überwiegend wird vertreten, der Hehlereitatbestand setze voraus, dass die **Vortat vollendet** ist. Erlangung der Sache und Hehlereihandlung könnten nicht in der Zeit zusammenfallen.

Argumente:

- Aus dem **Wortlaut „erlangt hat"** folgt klar die gesetzlich vorausgesetzte Sukzessivität von Vortat und Hehlerei (Stichwort: *Wortlautanalyse*).

- Unrechtsgehalt der Hehlerei ist die Verfestigung der rechtswidrigen Besitzlage. Dabei wird vorausgesetzt, dass eine rechtswidrige Vermögenslage bereits bestanden hat. Nur dann kann sie vertieft und perpetuiert werden (Stichwort: *Anschlussdelikt*).

- Die Gegenauffassung verwischt die Grenze zwischen Hehlerei und Beihilfe zur Vortat (Stichwort: *Abgrenzung Beihilfe / Hehlerei*).

b) Simultaneitätstheorie

Teilweise wird angenommen, Hehlereihandlung und Vortat könnten **zeitlich zusammenfallen**. Namentlich Unterschlagung und Hehlerei könnten durch eine Handlung verwirklicht werden.

Argumente:

- Hehlerei setzt nur die Existenz einer Vortat als solcher voraus (Stichwort: *konditional*), nicht aber zeitlich (Stichwort: *nicht temporal*).

- Hehlereiunrecht liegt nicht nur in der Vertiefung, sondern bereits in der **Aufrechterhaltung** einer rechtswidrigen Vermögenslage. Deren Begründung kann daher mit der Hehlereihandlung zusammenfallen (Stichwort: *Strafzweck*).

- Eine klare Abgrenzung zwischen Beihilfe und Hehlerei ist ohnehin nicht möglich angesichts der unsicheren Grenzen der Zueignungshandlungen (Stichwort: *keine trennscharfe Abgrenzung*).

Sichverschaffen i.S.v. § 259 I StGB durch Drohung oder Täuschung

Als ungeschriebenes Merkmal des Hehlereitatbestandes ist anerkannt, dass Vortäter und Hehler **einverständlich zusammenwirken** müssen. Daraus resultiert

 ⇨ **die Streitfrage, ob auch ein durch Täuschung oder Drohung erlangtes Einvernehmen mit dem Vortäter dem Tatbestand der Hehlerei genügt.**

a) Perpetuierungstheorie

Verbreitet ist die Auffassung, dass Drohung oder Täuschung **am maßgeblichen Einverständnis nichts ändern.**

Argument:

- Die **rechtswidrige Besitzlage wird** auch durch einen Hehler **perpetuiert,** der das Einvernehmen mit dem Vortäter erschlichen oder durch Drohung erlangt hat (Stichwort: *Strafzweck Perpetuierung der Besitzlage*).

b) Restriktive Perpetuierungslösung

Überwiegend wird ein einverständliches Zusammenwirken und damit § 259 I StGB **abgelehnt,** wenn der Täter den Vortäter getäuscht oder bedroht hat.

Argument:

- Der Hehlerei liegt nicht nur der Perpetuierungsgedanke zugrunde, sondern als zweiter Strafgrund der **Schutz allgemeiner Sicherheitsinteressen:** (Stichwort: *kumulativer Güterschutz*). Die Bereitschaft des Hehlers zur Übernahme oder zum Absatz der Vortatbeute ist ein **Anreizfaktor zur Begehung von Vermögensdelikten.** Dieser Anreiz fehlt jedoch, wenn der Täter Mittel der Täuschung oder Drohung einsetzt, um an die Vortatbeute zu gelangen (Stichwort: *kein Anreizcharakter*).

Hinweis

„Erpresserische oder betrügerische Hehlerei" ist nach der überwiegenden Auffassung nur noch als Betrug oder Erpressung strafbar. Voraussetzung der Strafbarkeit ist dann, dass unrechtmäßiger Besitz zum strafrechtlich geschützten Vermögen gezählt wird (s.o. STREITSTAND 69).

Vertiefungsfundstelle: *Otto,* Jura 1988, 606

Anerkanntermaßen kann der **Vortäter nicht selbst Hehler** sein, da **ein anderer** die Vortat begangen haben muss (Stichwort: *Wortlaut*).

 ⇨ **Umstritten ist hingegen, ob dies auch für den Teilnehmer der Vortat gilt.**

a) Untauglichkeitstheorie

Teilweise wird vertreten, dass der Teilnehmer der Vortat **kein tauglicher Hehlereitäter** sein könne.

Argumente:

- Die Beuteverwertung durch den Vortatteilnehmer selbst schafft gerade keine „Verwertungsinfrastruktur", die die Begehung von Vermögensdelikten **durch Dritte** fördert (Stichwort: *allgemeine Sicherheitsinteressen nicht berührt*).

- Beim Vortatteilnehmer fehlt es wie beim Vortäter an der Erforderlichkeit, durch Strafandrohung weitere Vermögensdelikte zu verhindern. Denn der Teilnehmer hat wie der Vortäter seinen mangelnden Respekt vor der Vermögenszuordnung bereits gezeigt (Stichwort: *„verlorenes Schaf"*). Durch sein gleichgerichtetes Forthandeln bei der Beuteverwertung **enttäuscht der Teilnehmer kein Vertrauen mehr**, was nicht schon durch seine Vortatbeteiligung enttäuscht wäre.

b) Eingeschränkte Tätertheorie

Vereinzelt wird der Vortatteilnehmer dann als Hehlereitäter ausgeschieden, wenn er schon bei Hilfeleistung die Absicht hatte, den Beuteanteil zu erwerben.

Argument:

- Zielt der Teilnehmer der Vortat von Anfang an darauf ab, einen Beuteanteil zu erlangen, liegt in der späteren Verteilung der Beute kein hehlerischer Erwerb, sondern Beuteteilung unter Tatbeteiligten vor (Stichwort: *Teilung von gemeinsam erlangter Beute*).

c) Tätertheorie

Ganz überwiegend wird vertreten, dass der Teilnehmer an der Vortat **§ 259 StGB erfüllen kann**. Das gelte selbst dann, wenn bereits seine Teilnahmehandlung auf die Beute zielte.

- Aus der Sicht des Teilnehmers ist mit der Haupttat eine Vortat **eines ande-ren** i.S.v. § 259 StGB gegeben (Stichwort: *Ableitung aus Wortlaut und Dogmatik*).

- Eine vorherige Beuteteilungsabrede führt **nicht zur Verfügungsgewalt** des Teilnehmers und schließt daher eine weitere Beeinträchtigung der Restitutionsinteressen des Opfers durch den Vortatteilnehmer nicht aus (Stichwort: *259 als Perpetuierungsstraftat*).

Hinweise

- Die Beteiligung des Vortäters an der Hehlerei **als Gehilfe oder Anstifter** ist straflos. Überwiegend wird darin eine mitbestrafte Nachtat gesehen, teilweise wird das Verhalten als tatbestandslos qualifiziert: Es fehle an einer tauglichen Vortat.

- Veräußert der Dieb (= Vortäter) an einen Hehler, ist dieser Vorgang für den Dieb nicht als Hehlerei strafbar, da es an der Vortat eines anderen fehlt. Veräußert der Hehler die Sache jedoch wieder an den Dieb zurück, liegt die umstrittene Konstellation des **Beuterückerwerbs durch den Vortäter** vor: Als rechtswidrige Vortat i.S.v. § 259 I StGB kommt dabei die Hehlerei des Erstkäufers in Betracht.

  o Teilweise wird die Strafbarkeit nach § 259 I StGB dennoch abgelehnt, weil keine erneute Rechtsgutsverletzung erfolge, namentlich die rechtswidrige Besitzposition nicht in strafwürdiger Weise perpetuiert werde: Die Sache gelange wieder „näher an den Berechtigten ran". Jedenfalls liege aber eine mitbestrafte Nachtat vor.

  o Dagegen wird vorgetragen, dass der rückerwerbende Vortäter die Hehlereikette in Wahrheit verlängere: Die Sache sei Gegenstand einer weiteren Transaktion. Folglich trete Hehlerei **in Realkonkurrenz** zur Vortat.

  o Häufig übersehen wird in diesen Fällen die **Strafbarkeit des Vortäters nach § 246 I StGB** übersehen. Sie kann nicht mit dem Hinweis auf eine tatbestandslose Zweitzueignung verneint werden, denn es liegt eine Verschiebung der Sache in das Vermögen des Vortäters vor.

Vertiefungsfundstelle

Geppert, Jura 1994, 100

Den Merkmalen „Absetzen" und „Absetzenhelfen" i.s.v. § 259 I StGB liegt der gemeinsame Leitbegriff „Absatz" zugrunde. Darunter ist nicht jedes Weiterverschieben der Sache an Dritte im Interesse des Vortäters zu verstehen, sondern nur die **Übertragung eigentümergleicher Verfügungsgewalt.**

Streitstand ⇨ **Umstritten ist, ob ein Absatz auch dann vorliegt, wenn die Sache an den Verletzten der Vortat zurückveräußert wird.**

a) Theorie der wirtschaftlichen Verwertung

Nach der Rechtsprechung ist **jede Veräußerung** der Sache ein Absatz, solange darin eine wirtschaftliche Verwertung des Objekts liegt.

Argumente:

- Der Wortlaut steht einer weiten Auslegung des Merkmals „Absatz" nicht entgegen (Stichwort: *Wortlaut*).

- Es handelt sich um eine Veräußerung der Sache wie an einen anderen nichtberechtigten Dritten, wenn das Opfer der Vortat die Sache nicht aufgrund seines verletzten Rechts, sondern unter Leistung eines Entgelts zurückerlangt (Stichwort: *Berechtigter erwirbt wie Nichtberechtigter*).

b) Strenge Besitz-Perpetuierungslehre

Im Schrifttum wird überwiegend die Auffassung vertreten, in der Rückveräußerung einer Sache an den Berechtigten liege **kein Absatz** i.s.v. § 259 I StGB.

Argumente:

- Bei der Rückführung der Sache an den Berechtigten findet keine Vertiefung der rechtswidrigen Besitzlage statt. Es wird im Gegenteil die rechtmäßige Besitzlage wiederhergestellt (Stichwort: *Wiederherstellung rechtmäßiger Besitzlage*).

- Die für den Berechtigten nachteilige wirtschaftliche Wertentziehung ist nach dem Zweck von § 259 StGB allein nicht strafbegründend (Stichwort: *kein Schutz vor Wertentziehung*).

Hinweis: Umstritten ist ferner, ob ein „Absatz" **nur bei entgeltlicher Verwertung** vorliegt. Das wird häufig mit Hinweis auf den gewöhnlichen Sprachgebrauch angenommen, denn ein „Verschenken" sei kein Absatz, weil dadurch der wirtschaftliche Wert der Sache nicht ausgenutzt werde.

Umstritten ist,

 $\Rightarrow$ **inwieweit „Absatz" und „Absetzenhelfen" einen gelungenen Absatz voraussetzen, d.h. eine tatsächliche Übertragung der Verfügungsgewalt über die Sache auf den Erwerber.**

a) Lehre von der Absatztätigkeit

Nach der Rechtsprechung sind sowohl das Merkmal „Absetzen" als auch „Absetzenhelfen" bereits durch die bloße Übernahme der Sache zum Zwecke des Absatzes erfüllt. Ein **Absatzerfolg sei nicht erforderlich**.

Argumente:

- Das frühere Tatbestandsmerkmal „Mitwirken zum Absatz" setzte keinen Absatzerfolg voraus. Die Neufassung von § 259 I StGB sollte daran nichts ändern: „Absetzen" stellt nur klar, dass Absatzhehler auch ist, wer selbständig auf Rechnung des Vortäters mit dessen Einverständnis absetzt.

- Strafbarkeitslücken sind zu vermeiden: Wer Verwertungshandlungen des Vortäters unterstützt, ohne dass ein Absatzerfolg eintritt, ist bereits Hehler (Stichwort: ***Strafbarkeitslücken vermeiden***).

- Der Wortlaut steht nicht entgegen: „Absetzen" kann auch handlungsbezogen ausgelegt werden (Stichwort: ***weiter Wortsinn***).

b) Lehre vom Absatzerfolg

Im Schrifttum wird überwiegend die Absatzhehlerei als Erfolgsdelikt gesehen. Sie setze die tatsächliche Übertragung der Verfügungsgewalt über die Sache auf den Erwerber voraus (Stichwort: ***Sache in zweiter Hand***).

Argumente:

- Der Wille des historischen Gesetzgebers hat keinen Niederschlag im Gesetz gefunden und ist daher unbeachtlich. „Absetzen" kann nur erfolgsbezogen verstanden werden (Stichwort: ***Art. 103 II GG***).

- Jede vorbereitende Tätigkeit zum Zweck des Absatzes zur Deliktsvollendung genügen zu lassen, würde aus einem bloßen Versuch des Absatzes ein vollendetes Delikt machen (Stichwort: ***Abgrenzung Versuch***).

- Absatz- wie Erwerbshehlerei beruhen auf dem Gedanken der Perpetuierung der rechtswidrigen Besitzlage. Diese setzt eine **Sachverschiebung** voraus.

Nimmt ein Strafverteidiger Honorar entgegen, von dem er weiß, dass es möglicherweise aus einer Katalogtat i.s.v. § 261 I 2 StGB herrührt, stellt sich

 **Streitstand** ⇨ die umstrittene Frage, ob und wann der Strafverteidiger wegen Geldwäsche strafbar ist.

a) Einschränkende Theorien

Teilweise wird die Strafbarkeit des Strafverteidigers wegen Geldwäsche **verneint**, obwohl der Tatbestand des § 261 II Nr. 1 StGB durch Annahme von bemakeltem Geld als Honorar erfüllt wäre. Insbesondere das BVerfG verlangt **wissentliches Handeln** des Strafverteidigers.

Argumente:

- In Anbetracht der **Berufsfreiheit des Verteidigers gemäß Art. 12 I GG** ist der Tatbestand der Geldwäsche teleologisch zu reduzieren, so dass die **sozialadäquate Entgegennahme** von Honorar straflos wird.

- Das Recht des Beschuldigten, sich in jeder Lage des Verfahrens einen Verteidiger zu nehmen (§ 137 I StPO i.V.m. Art. 6 III c EMRK und Art. 2 I, II, 20 III GG), darf nicht durch Pönalisierung der Strafverteidigung beeinträchtigt werden (Stichwort: *Recht auf effektive Verteidigung*).

b) Strafbarkeitstheorie

Teilweise, wird vertreten, dass die Strafbarkeit des Strafverteidigers wegen Geldwäsche **keinen Ausnahmen** unterliege.

Argumente:

- Das StGB kennt **kein Sonderstrafrecht** für bestimmte Berufsgruppen. Der Gesetzgeber hat insbesondere Strafverteidiger gerade nicht von § 261 StGB ausgenommen (Stichwort: *keine Privilegierung v. Berufsgruppen*).

- Der Verteidiger wird durch den Geldwäschetatbestand nicht an der Übernahme des Mandats, sondern nur an der rechtswidrigen Entgegennahme des bemakelten Honorars gehindert (Stichwort: *Trennung Mandatsübernahme / Bezahlung*). Auch die Rechte des Beschuldigten werden nicht verfassungswidrig eingeschränkt, da ihm jedenfalls die Möglichkeit der **Pflichtverteidigung** verbleibt.

- Gegen die „Wissentlichkeitsstrafbarkeit" spricht die Existenz von § 261 V StGB, der gerade auch Leichtfertigkeit erfasst.

Stichwortverzeichnis